Norbert J. Heigl
Vereine und Finanzen

Norbert J. Heigl

Vereine und Finanzen

**Einnahmen steigern,
Sponsoren akquirieren,
Ausgaben optimieren**

Bibliografische Information Der Deutschen Bibliothek
Die Deutsche Bibliothek verzeichnet diese Publikation in der Deutschen Nationalbibliografie; detaillierte bibliografische Daten sind im Internet über http://dnb.ddb.de abrufbar.

Das Werk und seine Teile sind urheberrechtlich geschützt. Jede Verwertung in anderen als den gesetzlich zugelassenen Fällen bedarf deshalb der vorherigen schriftlichen Einwilligung des Verlages.

Lexika Verlag erscheint bei Krick Fachmedien GmbH + Co. KG, Eibelstadt

© 2004 Krick Fachmedien GmbH + Co. KG, Eibelstadt
Druck: Schleunungdruck, Marktheidenfeld
Printed in Germany
ISBN 3-89694-428-2

Vorwort

Die Vereine in Deutschland haben eine jahrhundertlange Geschichte und sind nicht nur aus diesem Grund zu einem wichtigen sozialen Faktor geworden. In Vereinen sind Menschen noch für Menschen da und vielerorts wird Solidarität gelebt. Sie geben Tausenden von jungen Menschen die Möglichkeit sinnvoller Freizeitgestaltung. Es wäre sehr nachteilig für unsere Gesellschaft, wenn aufgrund des steigenden finanziellen Drucks die Überlebensfähigkeit der Vereine in Frage gestellt würde.

Umdenken ist gefragt. Weg von dem bequemen Gedanken des „Sowieso-Gefördert-Werdens" hin zum aktiven Nutzen der vorhandenen Möglichkeiten. Wenn dieses Buch dazu einen kleinen Beitrag leisten könnte und der eine oder andere Vereinsvorsitzende dadurch seinen Verein finanziell und ideell optimiert, dann würde mich das sehr freuen.

Ich möchte mich an dieser Stelle sehr herzlich bei den Menschen bedanken, die mich bei diesem Buchprojekt tatkräftig unterstützt haben. Zunächst ein großes Dankeschön an Prof. Dr. Peter Kapustin, ohne dessen Bereitschaft die dem Buch zugrunde liegende empirische Untersuchung nicht zustande gekommen wäre. Ebenso möchte ich mich bei Claudia Müller, der stets positiv denkenden Projektleiterin des Lexika Verlags, für die konstruktive Zusammenarbeit bedanken. Und last but not least gilt mein besonderer Dank Simone Reich, die zum wiederholten Male als meine geschätzte geistige Sparringspartnerin fungierte und mich mit vollem Einsatz unterstützte.

Altenufer, im September 2004, Norbert J. Heigl

Abkürzungsverzeichnis

AEAO	Anwendungserlass zur Abgabenordnung
AO	Abgabenordnung
BFH	Bundesfinanzhof
BLSV	Bayerischer Landessportverband
BMF	Bundesministerium für Finanzen
BStBl	Bundessteuerblatt
BverfG	Bundesverfassungsgericht
DB	Der Betrieb (Fachzeitschrift)
DStR	Deutsches Steuerrecht (Fachzeitschrift)
EFG	Entscheidungen der Finanzgerichte
ErbStG	Erbschaftssteuergesetz
FG	Finanzgericht
FinMin	Finanzministerium
GewSt	Gewerbesteuer
GewStG	Gewerbesteuergesetz
GrStG	Grundsteuergesetz
KSt	Körperschaftssteuer
KStG	Körperschaftssteuergesetz
OFD	Oberfinanzdirektion
PISA	The OECD Programme for International Student Assessment
RennLottG	Rennwett- und Lotteriegesetz
St	Steuer
StG	Steuergesetz
Tz	Textziffer
USt	Umsatzsteuer
UStG	Umsatzsteuergesetz

Inhaltsverzeichnis

Vorwort 5

Abkürzungsverzeichnis 6

1 Der Stand der Dinge 9
1.1 Die momentane Situation 9
1.2 Absehbare Entwicklung – Wo geht die Reise hin? 11
1.3 Umdenken ist gefragt 12

2 Die Gemeinnützigkeit: e.V. - ja oder nein? 17
2.1 Was heißt Gemeinnützigkeit? 17
2.2 Gemeinnützige Zwecke 22
2.2.1 Förderung der Allgemeinheit 23
2.2.2 Selbstlosigkeit 24
2.2.3 Grundsatz der Ausschließlichkeit 31
2.2.4 Grundsatz der Unmittelbarkeit 32

3 Klassische Einnahmequellen – und was dabei zu beachten ist . 35
3.1 Mitgliedsbeiträge 35
3.2 Aufnahmegebühren 40
3.3 Spezielle Kursangebote 41
3.4 Zuschüsse 42
3.5 Eintrittsgelder 46
3.6 Veranstaltungen 47
3.7 Spenden 49

4 Woher es sonst noch Geld gibt 51
4.1 Finanzmittel eines Fördervereins 51
4.2 Finanzmittel von Mäzenen 53
4.3 Finanzmittel von öffentlichen und privaten Stiftungen 55
4.4 Umlagen und Sonderbeiträge 56
4.5 Ablösesummen und Merchandising 57
4.6 Basare, Lotterien und Tombolas 62
4.7 Altmaterialsammlungen 65
4.8 Vereinszeitschrift und Vereinsgaststätte 67
4.9 Finanzmittel aus Bußgeldern 71

5	**Sponsoring – wenn, dann richtig** 73	
5.1	Was heißt Sponsoring? Das Grundwissen. 73	
5.2	Klein- und mittelständische Unternehmen als potenzielle Sponsoren . . . 77	
5.3	Steuerliche Aspekte des Sponsorings. 79	
5.4	Typische Fehler und Lösungsvorschläge 81	
6	**Marketing-Management für einen Verein** 85	
6.1	Grundlagen 85	
6.2	Produktpolitik – was haben wir zu bieten?. 92	
6.3	Preispolitik – zu billig oder zu teuer? 98	
6.4	Distributionspolitik – wie kommt man aktiv an Mitglieder? 100	
6.5	Kommunikationspolitik – kennt man uns wirklich? 101	
6.6	Menschorientierung 106	
6.7	Peripherie 111	
6.8	Praxisbeispiel für das Marketing-Konzept eines Vereins 116	
7	**Wo kann man Ausgaben sparen, ohne Leistungen zu kürzen?** 123	
7.1	Zivildienststellen im Personal. 123	
7.2	Attraktive Dienstleistungen durch Studenten 125	
7.3	Kooperationen 126	
7.4	Geldwerte ehrenamtliche Tätigkeit 129	
7.5	Kostenbewusstes Einkaufen 133	
8	**Zusammenfassung und Blick in die Zukunft** 135	
	Anhang 138	
	Literaturverzeichnis 140	
	Stichwortverzeichnis 143	

1 Der Stand der Dinge

„Vereine und Finanzen" – das klingt zunächst einmal trocken und wenig spannend. Viele Vereinsverantwortliche, vor allem Vorsitzende werden sogar in erster Linie negative Assoziationen bei diesem Begriffspaar verspüren. Tatsächlich gewinnt das Thema in erster Linie aus negativen und bedrohlichen Gründen von Jahr zu Jahr mehr an Bedeutung. Dieses Buch soll Ihnen nicht nur praktische Möglichkeiten aufzeigen, wie man seine Vereinsfinanzen optimieren kann, sondern es soll Ihnen dabei helfen, einen eventuell notwendigen Umdenkprozess anzuschieben, der Ihren Verein in finanziell sichere Bahnen lenkt. Lassen Sie uns dazu zunächst einmal betrachten, wie sich die momentane Situation darstellt und welche herausfordernden Entwicklungen abzusehen sind. Auf diese Weise wird klarer, dass vielerorts bereits jetzt absoluter Handlungsbedarf besteht.

1.1 Die momentane Situation

Einen Verein zu gründen, ist die eine Sache, einen Verein am Leben zu erhalten, die andere. Wie in jedem Wirtschaftsbetrieb bedeutet dies auf der einen Seite möglichst die Einnahmen zu optimieren und auf der anderen Seite die Ausgaben soweit es geht zu reduzieren.

Auf der Einnahmeseite findet man bei einem klassischen Verein als Hauptquellen Mitgliedsbeiträge, Zuschüsse von kommunaler Seite sowie Verbänden, Einnahmen aus Veranstaltungen und Unterstützungen durch die örtliche Wirtschaft. Aufgrund der wirtschaftlich schwierigen Situation, in der sich Bund, Länder und Kommunen befinden, werden jedoch gerade Zuschüsse und Investitionen mehr und mehr reduziert oder teilweise sogar ganz gestrichen. In so manchen Gemeinde- oder Stadtratssitzungen fallen die Zuschussbeschlüsse für Vereine spärlich aus. Die schleppende wirtschaftliche Konjunktur wirkt sich auch negativ auf die Finanzsituation zahlreicher Unternehmen aus. Dies führt zu Einsparungen im Bereich des Sponsorings von Vereinen. Dazu kommt, dass im gleichen Maße Privatpersonen, die sich als Mäzene oder Förderer engagieren, aufgrund der wirtschaftlichen Unsicherheit ebenso Einsparungen vornehmen und somit jede Ausgabe kritisch überprüfen. Da Privathaushalte an sich schon jeden Euro einmal mehr umdrehen bevor sie ihn ausgeben, sinkt letztlich auch die Bereitschaft für Veranstaltungen oder Spenden Geld auszugeben.

Die Vereinsausgaben halten sich seit jeher durch das ehrenamtliche Engagement der Mitglieder im Rahmen. Ohne diese ehrenamtliche Unterstützung ist das umfangreiche Angebot der Vereine in der bekannten Form nicht vorstellbar. Sie stellt für eine ausgeglichene Vereinsfinanzierung eine absolute Notwendigkeit dar. Ohne „Gratisleistungen" wäre ein Verein nur sehr schwer, in vielen Fällen nicht überlebensfähig.

Das ehrenamtliche Engagement in Deutschland ist vor allem im sozialen und sportlichen Bereich seit vielen Jahren eine feste Größe. 2001 war laut Enquete-Kommission zum Thema „Zukunft des bürgerlichen Engagements" jeder Dritte über 40 Jahre in Deutschland ehrenamtlich engagiert. In den über 89.000 Sportvereinen Deutschlands ist zum Beispiel ein sportlicher Betrieb ohne die ehrenamtlichen Helfer nicht vorstellbar. Der Deutsche Sportbund geht von 2,6 Millionen ehrenamtlich engagierten Bürgern aus. Die VELTINS-Sportstudie 2001, die in Kooperation mit dem Deutschen Sportbund entwickelt wurde, errechnete sogar einen Wert von 4,4 Millionen Bundesbürgern.

76 Prozent dieser 4,4 Millionen engagierten Bürger investieren bis zu fünf Stunden pro Woche in die ehrenamtliche Tätigkeit, 5 Prozent sogar bis zu 11 Stunden pro Woche. Bewertet man diese neben dem Mitgliedsbeitrag zusätzlichen Leistungen finanziell, so geben 42 Prozent der ehrenamtlich Tätigen zusätzlich 18 Euro pro Monat für ihr Ehrenamt aus. Nimmt man diese Zahl als Basis, dann bringt das den Sportvereinen in Deutschland pro Jahr nahezu 400 Millionen Euro geldwerte Vorteile. Dies ist eine erkleckliche Summe.

Leider geht die Zahl derer, die sich ehrenamtlich engagieren mehr und mehr zurück. Die Vereine klagen landesweit darüber, dass die Zahl der ehrenamtlichen Helfer sukzessive zurückgeht und dadurch die Belastung der verbliebenen Freiwilligen größer wird. Dies wiederum erhöht die Gefahr, dass auch noch so engagierte Mitglieder irgendwann das Handtuch werfen. Will man dann die Leistungen eines Vereins trotzdem stabil halten, müssten sie eingekauft werden. Fehlt dazu das Geld, ist die Endkonsequenz das Einschränken oder gar komplette Aufgeben der Vereinsleistungen. Mit dem geringeren ehrenamtlichen Engagement würde somit eine wichtige Basis für moderate Vereinsausgaben verloren gehen.

Fazit: Immer weniger finanzielle Mittel stehen den Vereinen zur Verfügung. Umso mehr ist unentgeltliches und freiwilliges Engagement nötig. Doch just in dieser Situation geht die Bereitschaft zurück, sich ehrenamtlich einzusetzen. Das stellt die Vereine vor enorme Herausforderungen.

1.2 Absehbare Entwicklung – Wo geht die Reise hin?

Es ist allem Anschein nach nicht zu erwarten, dass sich in den nächsten Jahren die wirtschaftliche Situation von Bund, Ländern und Gemeinden entscheidend in die positive Richtung ändert. Vielerorts werden langsam die Rücklagen aufgezehrt und mehr und mehr Kommunen leben von ihrer Substanz oder sind schlichtweg pleite. Das Thema „Zuschüsse" erübrigt sich dann sowieso. Die Finanznot macht aber auch nicht vor den Verbänden halt. Auch sie kämpfen immer stärker um öffentliche Mittel.
Der Finanzdruck für den Verein und für das einzelne Mitglied wird weiterhin ansteigen. Die Suche nach alternativen Finanzierungsmöglichkeiten wird zukünftig die Vereinsverantwortlichkeiten stärker beschäftigen. Zusätzlich werden vom ehrenamtlich Engagierten mehr und mehr Managementkenntnisse speziell zum Thema Finanzierung erwartet und verlangt. Darüber hinaus kann es aufgrund des ansteigenden wirtschaftlichen Drucks in den Privathaushalten zu erhöhten Mitgliederaustritten und gleichzeitig zu weniger Mitgliedereintritten kommen. Immer weniger Aufwendungen wie Telefon- oder Fahrtkosten der ehrenamtlichen Helfer können vom Verein rückvergütet werden. Eventuell müssen darüber hinaus die jeweiligen Mitgliederbeiträge erhöht werden.

Auch gesellschaftliche Entwicklungen sollten beim Blick in die Zukunft nicht außer Acht gelassen werden. Die zunehmende Egozentrik der Gesellschaft führt voraussichtlich zu weniger eigenem Engagement bei gleichzeitigem Einfordern von Gegenleistungen. Die freiwillig und häufig unentgeltlich erbrachte Leistung im Verein wird teilweise schon jetzt als eine mit dem Mitgliedsbeitrag bezahlte Dienstleistung gesehen. Die Ansprüche der Vereinsmitglieder steigen. Dies führt in der Regel zu einer grundsätzlich kritischeren Haltung, die – gepaart mit der ebenso zunehmenden „Klagefreudigkeit" der Deutschen – vermehrt juristische Folgen für Vereine haben wird. Dies wirkt sich wiederum stark negativ auf das Interesse an der Übernahme einer ehrenamtlichen Tätigkeit aus.
Obwohl die Freizeit ständig zunimmt, nimmt das Interesse am Vereinsleben ab. Die Bundesbürger verfügten bereits 1990 über 40 Prozent mehr Freizeit als 1970 und 60 Prozent mehr als 30 Jahre früher, aber den Vereinen kommt das nicht unbedingt zugute.

Die künftigen Perspektiven der Vereinsfinanzierung sehen nicht rosig aus, aber sollte man deswegen aufgeben? – Mitnichten. Es gibt Mittel und Wege, diesen enormen Herausforderungen zu trotzen. Sonst wäre auch das Buch, das Sie gerade in Händen halten, ziemlich nutzlos.

1.3 Umdenken ist gefragt

*Lass mich das ändern, was ich ändern kann
und lass mich das tolerieren, was ich nicht ändern kann
und gib mir die Weisheit, beides voneinander zu unterscheiden.*
(Gebet)

Wie schafft es ein Verein nun eine unabhängige Selbstfinanzierung zu bewerkstelligen? Da grundsätzlich jeder Handlung ein geistiger Prozess vorausgeht, soll er auch hier der erste Ansatzpunkt sein.
Ein Umdenkprozess sollte bei allen Verantwortlichen und Mitgliedern im Verein stattfinden. Als einfache Grundlage stelle ich im Folgenden dazu ein Denkmodell vor, das als eine Art mentaler Anker bei den anstehenden Aufgaben dienen soll.

Abb. 1: Denkmodell zur persönlichen Einstellung

Der äußere Ring beschreibt den Bereich, den wir persönlich nicht beeinflussen können. Dieser Bereich steht außerhalb unserer Macht. Typische Beispiele für Dinge, die wir allein nicht ändern können oder wenn, dann nur indirekt und sehr wenig, sind z.B. das Wetter, die Wirtschaftslage, das Denken oder die Einstellung anderer Menschen, bereits Geschehenes, die politische Lage usw. Komischerweise halten wir uns aber sehr gern gedanklich in diesem Bereich auf. Das heißt, wir kümmern uns, ärgern uns, machen uns Sorgen und beschäftigen uns mit Dingen, die wir sowieso nicht verändern können. Das raubt uns wertvolle „Denkenergie". Machen Sie ruhig einmal den Test und hören Sie zu, worüber sich die Menschen, sei es die Nachbarin, der Arbeitskollege oder der Vereinskamerad, hauptsächlich unterhalten oder worüber sie sich vorwiegend aufregen. Sie werden überrascht feststellen, dass sich Menschen größtenteils im äußeren Kreis befinden, sich also mit Dingen beschäftigen, die sie nicht beeinflussen können. Dies führt leicht zu Demotivation und Frustgefühlen.

Der innere Kreis beschreibt den Bereich, der voll in unserer persönlichen Macht liegt. Die Dinge in diesem Bereich können wir beeinflussen. Alles was wir tun müssen, ist „es einfach zu tun" – den „inneren Schweinehund" überlisten, wenn Sie so wollen. Nun sieht das Verhältnis der beiden Kreise zueinander von Mensch zu Mensch unterschiedlich aus. Im Folgenden sehen Sie zwei extreme Beispiele von Ausprägungen, die ein Denkmuster oder eine Einstellung ausdrücken:

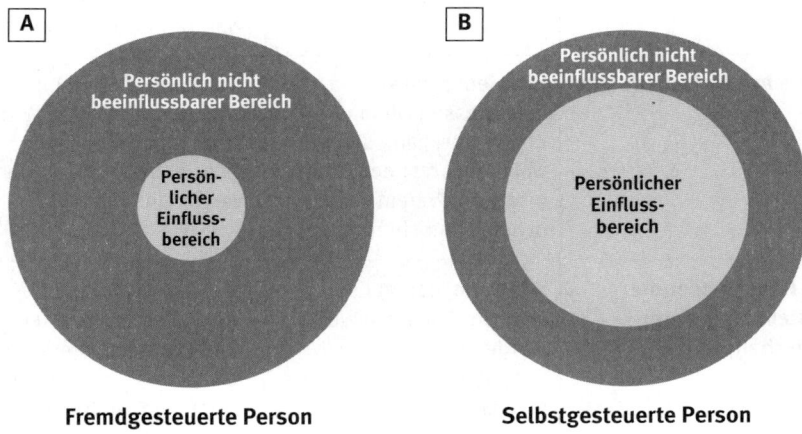

Abb. 2: Vergleich zweier Denkmodelle zur Selbst- bzw. Fremdsteuerung

Beide Grafiken zeigen auf einen Blick, auf welche Art und Weise sich die beiden angenommenen Personen mit Themen, Gegebenheiten oder Ereignissen beschäftigen. Im Fall A beschäftigt sich die Person in erster Linie mit Dingen, die für sie so gut wie nicht beeinflussbar sind. Wahrscheinlich ohne es zu merken, wird dieser Mensch immer fremdgesteuerter, da er sich geistig vorwiegend um für ihn unabänderliche Dinge kümmert. Im Fall B sieht das ganz anders aus. Diese Person bewegt sich mental die meiste Zeit im Bereich der Dinge, die direkt zu beeinflussen sind. Die automatische Folge davon ist ein selbstgesteuertes Verhalten, da man bei dieser Person annehmen kann, dass der erste Gedanke meistens sein wird: „Was kann ich dazu beitragen um etwas zu verändern?" Dieser Mensch ist weniger bereit, sich einfach widrigen Verhältnissen hinzugeben und nichts zu tun.

Nehmen wir einmal die bereits angesprochenen Themen, die so gut wie nicht direkt veränderbar sind und vergleichen dazu die Einstellungen von A und B. Beispielhaft zeigt sich in der Tabelle, welche Reaktion auf den gleichen Sachverhalt einem fremdgesteuerten, respektive einem selbstgesteuerten Verhalten entspricht.

	A	**B**
Schlechtes Wetter	Schlechte Stimmung. Man kann im Freien nichts unternehmen.	Es gibt kein schlechtes Wetter, sondern nur schlechte Kleidung. Was kann ich anziehen?
Schlechte Wirtschaftslage	Die Menschen sparen, also müssen wir mit einem Rückgang der Mitglieder rechnen. Bald gibt's den Verein wahrscheinlich nicht mehr.	Was kann ich tun, um trotz der schlechten Wirtschaftslage Menschen dazu zu bewegen, in den Verein einzutreten?
Das Denken oder die Einstellung anderer Menschen	Wie kann man nur so denken. Auf diese Weise werden wir nie eine Lösung finden. Die müssen sich ändern.	Was kann ich tun, um Menschen von meiner Idee zu überzeugen? Ich werde einfach wertschätzend mit Ihnen sprechen.
Bereits Geschehenes	Hätte ich es vor einem Jahr nur anders gemacht. Jetzt ärgere ich mich ständig darüber.	Okay, was passiert ist, ist passiert. Ich lerne daraus und mache es zukünftig besser.
Politische Lage	Unser Land geht vor die Hunde. Am liebsten würde ich auswandern.	Ich wähle die Volksvertreter, mit deren Richtung ich einverstanden bin und spreche mit Leuten in meinem Umfeld darüber oder stelle mich vor Ort selbst zur Verfügung.

Sie werden sich wahrscheinlich fragen, warum ich Ihnen diesen Sachverhalt so ausführlich darlege. Nun, der Grund ist sehr einfach. Wenn wir im weiteren Verlauf des Buchs von interessanten Chancen der Vereinsfinanzierung sprechen, dann ist dies nicht nur eine bloße Aufzählung möglicher Geldquellen. In vielen Fällen wird ein Veränderungsprozess einzuleiten sein. In der Wirtschaft spricht man in solchen Fällen von „Change Management", also einem „Managen von Veränderungen". Und um Veränderungen zu starten, ist zunächst eine Veränderung im Kopf notwendig. Sonst ist die Wahrscheinlichkeit groß, dass man die Möglichkeiten halbherzig anpackt, um eigentlich nur nach der Bestätigung zu suchen, warum es nicht funktioniert hat. So manches Werkzeug ist jedoch nicht auf kurzfristige Erfolge, sondern eher auf eine mittelfristige Entwicklung der Vereinsfinanzen ausgelegt. Dazu ist Konsequenz, Ausdauer und Disziplin im Denken und Handeln notwendig.

Darüber hinaus liegt die Vereinsfinanzierung meist nicht in der Hand eines Einzelnen, sondern es ist ein Umsetzungsteam vonnöten, das überzeugt und bei der Stange gehalten werden will. Genau dafür ist die eigene vorgelebte Einstellung enorm wichtig.

Eingangs beschrieb ich die momentanen Rahmenbedingungen, welche die Finanzierung eines Vereins so schwierig erscheinen lässt. Ebenso kamen die herausfordernden Aspekte der künftigen gesellschaftlichen Entwicklung zur Sprache. Alles dies sollten wir als faktische Ausgangslage begreifen, uns jedoch jetzt auf die Dinge konzentrieren, die zur Sanierung der Vereinsfinanzen beitragen können. Fokussieren wir also ab jetzt den inneren Kreis. Den ersten Schritt haben Sie ja bereits getan, indem Sie sich mit diesem Buch beschäftigen. Das zeigt ganz klar, dass Sie etwas tun wollen, besser gesagt zunächst einmal etwas wissen wollen.

Damit Sie den Aspekt der Selbststeuerung nicht vergessen, werden die Kreise regelmäßig in Beispielen immer wieder auftauchen. So werden Sie automatisch auf mögliche Reaktionen oder Einwände Ihrer Mitstreiter vorbereitet.

Hintergrundstudie

In diesem Buch werde ich mich von Zeit zu Zeit auf die Erkenntnisse einer repräsentativen Studie berufen, die ich vor ein paar Jahren bei 1246 Personen durchgeführt habe. Dabei wurde die Bevölkerung vergleichbarer ostbayerischer Städte hinsichtlich ihrer Meinung zum örtlichen Sportverein befragt. Da sich das Image eines Vereins in der Gesamtbevölkerung einschließlich der jeweiligen Vereinsmitglieder innerhalb weniger Jahre in der Regel nicht signifikant ändert, sind diese Daten nach wie vor aktuell und geben unter anderem Aufschluss über Bereiche der Finanzierungsmöglichkeiten. Zur besseren Verständigung möchte ich die empirische Untersuchung ab hier einfach Vereinsstudie nennen.

> *!* Der Großteil der Vereine in Deutschland sind Sportvereine. Aufgrund ihrer Bedeutung und der Verwendung der erwähnten Vereinsstudie beziehen sich viele Beispiele im Buch auf diese Art Vereine. Die vorgestellten Finanzierungswege und Vorgehensweisen lassen sich jedoch grundsätzlich auch auf andere Vereinstypen übertragen.

2 Die Gemeinnützigkeit: e.V. – ja oder nein?

2.1 Was heißt Gemeinnützigkeit?

Für viele Menschen scheint Gemeinnützigkeit und profitables Wirtschaften im absoluten Widerspruch zu stehen. Ein eingetragener gemeinnütziger Verein kann nicht mit einem Wirtschaftsbetrieb verglichen werden, meint so mancher. Ein gemeinnütziger Verein ist eine so genannte „Non-Profit-Organisation" (engl.: non profit = ohne Profit) und genießt daher nicht zu unterschätzende Vorteile. „Non-Profit" soll jedoch nicht heißen, dass die Regeln für wirtschaftliches Handeln hier außer Kraft gesetzt sind. „Non-Profit" heißt auch nicht, dass man nur von Spenden und Zuschüssen abhängig ist und ständig um das Überleben bangen muss, falls die Gunst der öffentlichen und privaten Förderer einmal zurückgeht.

„Non-Profit" heißt einfach nur, dass das Ziel des Wirkens eines Vereins nicht dem wirtschaftlichen Gewinn dient, sondern dass die erwirtschafteten Mittel ausschließlich dem Vereinszweck zugute kommen. Der Vereinszweck wiederum ist bei einem gemeinnützigen Verein genau definiert und hat der Allgemeinheit dienenden Charakter.

Die Frage, ob Gemeinnützigkeit oder nicht, stellt sich eigentlich nicht wirklich. Die steuerlichen Vorteile sind momentan speziell für Klein-, Mittel- und auch die meisten Großvereine noch so interessant, dass es absolut erstrebenswert ist, einen vom Finanzamt fiskalisch anerkannten gemeinnützigen Verein zu führen. Erst wenn beispielsweise ein Großverein eine Sparte als Wirtschaftsbetrieb unterhält, dann muss man sich genau überlegen, wie steuerrechtlich verfahren wird. Meistens wird dieser Bereich einfach verselbstständigt und ausgelagert.

> **!** Übrigens ist ein Verein mit der offiziellen Eintragung ins Vereinsregister nicht automatisch gemeinnützig. Er darf zwar das Kürzel e.V. im Namen tragen, aber die fiskalische Anerkennung der Gemeinnützigkeit kann nur vom zuständigen Finanzamt nach einer Prüfung in Form eines Freistellungsbescheids erteilt werden. Dazu muss man einen Antrag stellen. Ein Antrag auf Gemeinnützigkeit könnte wie folgt aussehen:

2 Die Gemeinnützigkeit: e.V. – ja oder nein?

Musterverein e.V.
Musterstraße 1 – 12345 Musterstadt
Tel.: 012345-678910

An das Finanzamt Musterstadt
Steuerstr. 77

12345 Musterstadt   Ort, Datum

Antrag auf Gemeinnützigkeit

Sehr geehrte Damen und Herren,

unter Vorlage
   a) einer Abschrift (Kopie) der Satzung und
   b) einer Abschrift (Kopie) des Gründungsprotokolls

geben wir dem Finanzamt in ... zur Kenntnis, dass am ... der ...Verein gegründet wurde.

Bezugnehmend auf § ... der Satzung (betr. Gemeinnützigkeit) beantragen wir dem Verein zu bescheinigen, dass er von den Körperschafts- und Gewerbesteuern vorläufig befreit ist.

Unterschriften aller Vorstandsmitglieder, die gemäß Satzung zur Vertretung des Vereins erforderlich sind

---

Im folgenden Abschnitt werden wir uns detaillierter mit der Gemeinnützigkeit und dem Gemeinnützigkeitsrecht auseinander setzen. So können Sie die wirtschaftlichen Möglichkeiten, die die Gemeinnützigkeit bietet, voll ausschöpfen, ohne die Anerkennung Ihres Vereins als gemeinnützig in irgendeiner Weise in Frage zu stellen. Die steuerrechtlichen Aspekte der Gemeinnützigkeit sind wie viele fiskalischen oder juristischen Inhalte eher trockener Natur, aber wichtig für die tägliche Arbeit in den Vereinen.

> **!** Im Zweifelsfall oder bei einem individuellen Problem sollten Sie grundsätzlich professionelle Beratung in Form eines Steuerberaters oder Fachanwalts zur speziellen Prüfung einholen.

Was heißt Gemeinnützigkeit? 19

In Gabler's Wirtschaftslexikon finden Sie folgende Definition von Gemeinnützigkeit:

„Zweckbestimmung von Körperschaften, Anstalten, Stiftungen oder Vereinen nach dem „allgemeinen Nutzen", d.h. ausschließlich nach den der Allgemeinheit gewidmeten Zwecken. Die Anerkennung der Gemeinnützigkeit ist für geleistete Beiträge oder sonstige Aufwendungen (Spenden) bei der Körperschaft- und Einkommensteuer wesentlich."

Auf die angesprochenen mit der Gemeinnützigkeit verbundenen steuerlichen Vorteile weisen auch Neufang/Geckle hin:

Institutionen, die nach ihrer Zielsetzung und ihrem tatsächlichen Verhalten die Allgemeinheit fördern, können steuerrechtlich begünstigt sein. Man spricht dabei vereinfacht von gemeinnützigen Körperschaften. Eine abschließende Aufzählung der begünstigten Zwecke ist in den §§ 52–54 der Abgabenordnung (AO) enthalten.

Abb. 3: Übersicht der Gemeinnützigkeit nach der Abgabenordung

Sportvereine, die im Vereinsregister eingetragen sind und daher das Kürzel e.V. (eingetragener Verein) im Namen tragen, verfolgen in der Regel einen gemeinnützigen Zweck und fallen daher unter § 52 AO. Ausnahmen sind einige wirtschaftliche Vereine, die nicht gemeinnützig tätig sind.

Es gibt eine ganze Reihe von Möglichkeiten für einen Verein durch Steuerbegünstigungen Geld zu sparen. Die folgende Abbildung zeigt im Überblick die Besteuerung eines eingetragenen gemeinnützigen Sportvereins und welche Betriebsbereiche eines Vereins dazu unterschieden werden müssen.

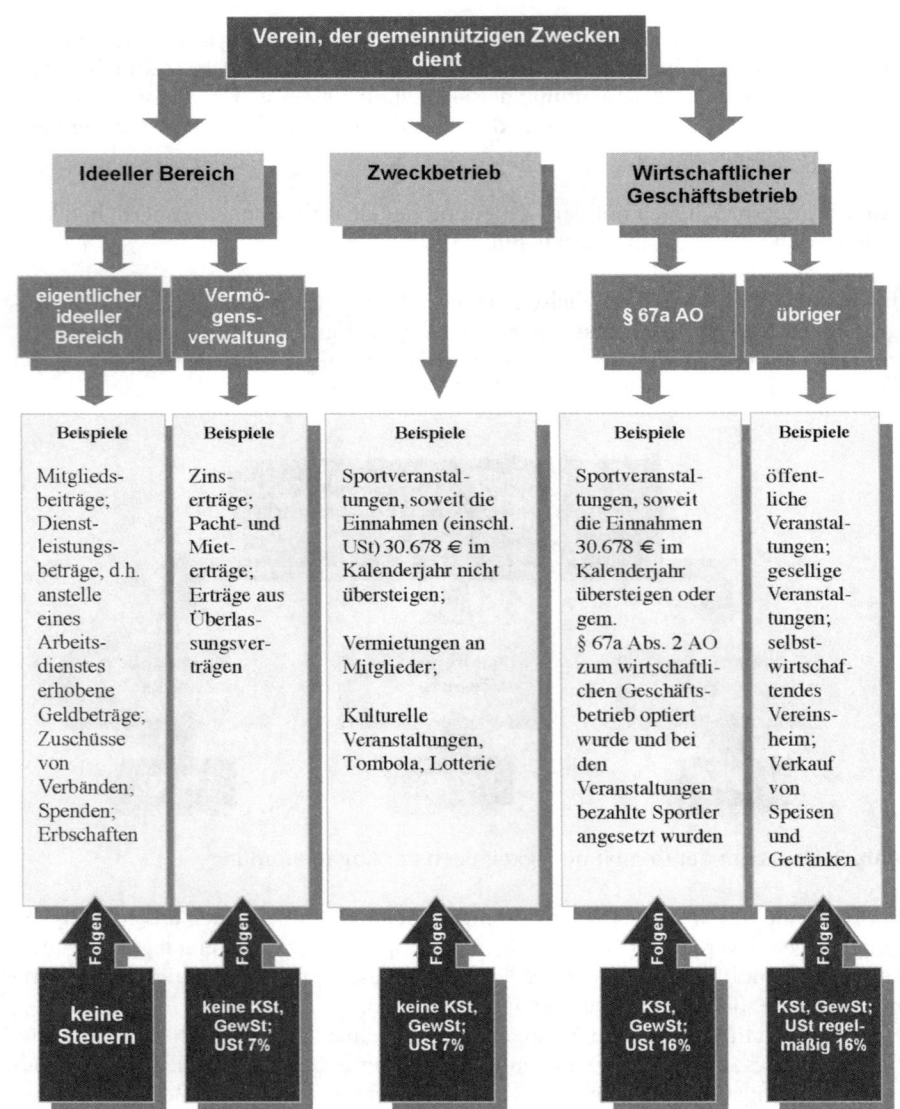

Abb. 4: Überblick über die Vereinsbesteuerung

Was heißt Gemeinnützigkeit? 21

In der Abbildung wurden die Begriffe Vermögensverwaltung, Zweckbetrieb und wirtschaftlicher Betrieb genannt, die wegen ihrer Bedeutung noch einmal charakterisiert werden:

Vermögensverwaltung

Sie ist in § 14 Abgabenordnung definiert. Sie liegt vor, wenn Vermögen genutzt oder verpachtet bzw. vermietet wird. Zu den Einnahmen aus der Vermögensverwaltung gehören z.b. die Zinsen aus Kapitalanlagen, Pachterlöse oder Erlöse aus der Überlassung von Werberechten.
Beschränkt sich die Tätigkeit eines Vereins einzig auf die Vermögensverwaltung, so kann er nicht mehr als gemeinnützig angesehen werden.

Zweckbetrieb

Vereinsleistungen, die zwar mit einer Gegenleistung verbunden sind, aber eindeutig dem Vereinszweck dienen, werden Zweckbetrieb genannt. Zweckbetriebe sind in den §§ 65–68 Abgabenordnung aufgezählt. Typische Einnahmen des Zweckbetriebs sind z.B. die Eintrittsgelder bei Vereinsveranstaltungen.

Wirtschaftlicher Geschäftsbetrieb

Ein wirtschaftlicher Geschäftsbetrieb ist eine selbstständige, nachhaltige Tätigkeit, durch die Einnahmen oder andere wirtschaftliche Vorteile erzielt werden. Sie gehen über eine Vermögensverwaltung hinaus. Geregelt ist dies in § 14 Abgabenordnung. Zu einem wirtschaftlichen Geschäftsbetrieb zählt z.b. der Verkauf von Speisen und Getränken, das Betreiben einer Vereinsgaststätte, die Bewirtschaftung einer Festveranstaltung usw.

Die Steuererleichterungen sind bereits in der Abbildung 4 zu sehen. Welche Paragraphen und Gesetze enthalten nun konkret die Steuerbegünstigung für Vereine?

- § 5 Abs. 1 Nr. 9 KStG: Danach ist der Zweckbetrieb und der ideelle Bereich nicht körperschaftssteuerpflichtig, deswegen sind z.b. auch Spenden und Mitgliedsbeiträge sowie Zuschüsse nicht steuerpflichtig (vgl. § 8 Abs. 6 KStG).
- § 3 Nr. 6 GewStG (wie Körperschaftssteuer)
- § 13 Abs. 1 Nr. 16b, 17 ErbStG: Danach sind Zuwendungen an steuerbegünstigte Körperschaften nicht erbschaftssteuer-/ schenkungssteuerpflichtig.
- § 3 Abs. 1 Satz 1 Nr. 3b GrStG: Aufgrund dieser Vorschrift unterliegt der Grundbesitz von begünstigten Körperschaften, welcher unmittelbar den begünstigten Zwecken dient, nicht der Grundsteuer (vgl. auch § 7 GrStG).
- § 4 Nr. 12a, 16, 17b, 18, 20, 21, 22a, 22b, 23, 24, 25, 26; § 12 Abs. 2 Nr. 8a UStG, § 23a UStG: Nach den ersten Vorschriften ist eine Vielzahl von Umsätzen steuerfrei. Nach § 12 Abs. 2 Nr. 8 UStG unterliegen die steuerpflichtigen Umsätze, soweit sie nicht dem wirtschaftlichen Geschäftsbetrieb zuzuordnen sind, dem ermäßigten Steuersatz. Der § 23a UStG enthält die Möglichkeit eines pauschalen Vorsteuerabzugs.

Darüber hinaus sind die Begünstigungen auch in der Abgabenordnung festgelegt:

- § 64 Abs. 3 AO, danach ist der so genannte wirtschaftliche Geschäftsbetrieb nur dann körperschafts- und gewerbesteuerpflichtig, wenn die Bruttoumsätze (d.h. einschließlich USt) 30.678 € im Kalenderjahr übersteigen.
- § 67a Abs. 1 AO, danach gelten alle sportlichen Veranstaltungen als Zweckbetrieb, wenn die Bruttoeinnahmen 30.678 € nicht übersteigen.
- § 65 AO, dort sind die Zweckbetriebe geregelt. In § 68 AO sind Beispielfälle angeführt.

2.2 Gemeinnützige Zwecke

Die im vorigen Kapitel genannten Steuervergünstigungen kann ein Verein nur dann nutzen, wenn er gemeinnützige Zwecke verfolgt. Der Gemeinnützigkeit kann ein Verein aber nur dann dienen, wenn seine Tätigkeit, die Allgemeinheit (§ 52 Abs. 1 AO) selbstlos (§ 52 Abs. 1 i.V. mit § 55 AO) fördert. Aus diesem Grund dürfen beispielsweise keine Grundrechte mit der Vereinstätigkeit verletzt werden. Die Tätigkeit muss ausschließlich und unmittelbar auf die selbstlose Förderung der Allgemeinheit ausgerichtet sein. Im Folgenden sind diese Voraussetzungen für gemeinnützige Zwecke näher beschrieben.

2.2.1 Förderung der Allgemeinheit

Die Förderung der Allgemeinheit ist der zentrale Begriff des Gemeinnützigkeitsrechts. Die Allgemeinheit fördern Tätigkeiten, die die Lebensgrundlagen des Gemeinwesens erhalten.

Die Förderung des Sports fällt zum Beispiel in den Bereich des § 52 Abs. 2 Nr. 2 AO und erfüllt deshalb einen gemeinnützigen Zweck. Ein wesentliches Element des Sports ist die körperliche Ertüchtigung. Auch Schach und Motorsport zählen hier als Sport (§ 52 Abs. 2 Nr. 2 Satz 2 AO). Dagegen zählen Skat-, Bridge- und Gospiel (AEAO, § 52 Nr. 2) nicht als Sport. Verfolgt ein Verein jedoch den Zweck, den bezahlten Sport zu fördern, kann er nicht als gemeinnützig anerkannt werden (AEAO, § 52 Nr. 3). Trotz dieser Vorschrift schließt die Förderung des bezahlten Sports aber im Rahmen der Vorschriften der §§ 58 Nr. 9 und 67a der AO eine Steuerbegünstigung nicht aus.

Die Förderung der Allgemeinheit schließt auch jegliche Ausgrenzung aus. So können zum Beispiel Betriebssportgruppen nur die Gemeinnützigkeit erlangen, wenn sie außer Betriebsangehörigen auch Dritten die Vereinsmitgliedschaft ermöglichen. Da eine Ausgrenzung von Personen auch durch die Höhe der Mitgliedsbeiträge erreicht werden kann (man denke nur an sehr exquisite Golf-Clubs), gibt es hier Höchstgrenzen, die nicht überschritten werden dürfen, will man denn als gemeinnützig anerkannt werden. Es ist gemeinnützigkeitsunschädlich, wenn folgende Beitragsgrenzen pro Mitglied im Jahr nicht überschritten werden:

- Mitgliedsbeiträge einschl. sonstiger Mitgliederumlagen   1.023 Euro
- Aufnahmegebühren   1.534 Euro

Diese Obergrenzen beziehen sich nicht nur auf die Regelbeiträge, sondern beinhalten auch Sonderabgaben und die in Geld abgelösten Naturalbeiträge. Nicht einbezogen sind allerdings Durchschnittsbeiträge. So ist es im Einzelfall durchaus möglich, höhere Mitgliedsbeiträge und Aufnahmegebühren zu verlangen, wenn z.B. für Sondergruppen (Studenten, Jugendliche, Kinder oder auch Ehefrauen) geringere Sätze gelten.

2.2.2 Selbstlosigkeit

Die Anerkennung eines Vereins als gemeinnützig ist nur dann möglich, wenn die Selbstlosigkeit im Sinn des § 55 AO gegeben ist. Die Selbstlosigkeit ist an mehrere Tatbestandteile geknüpft. Die folgende Grafik gibt einen Überblick über die zu erfüllenden Merkmale der Selbstlosigkeit:

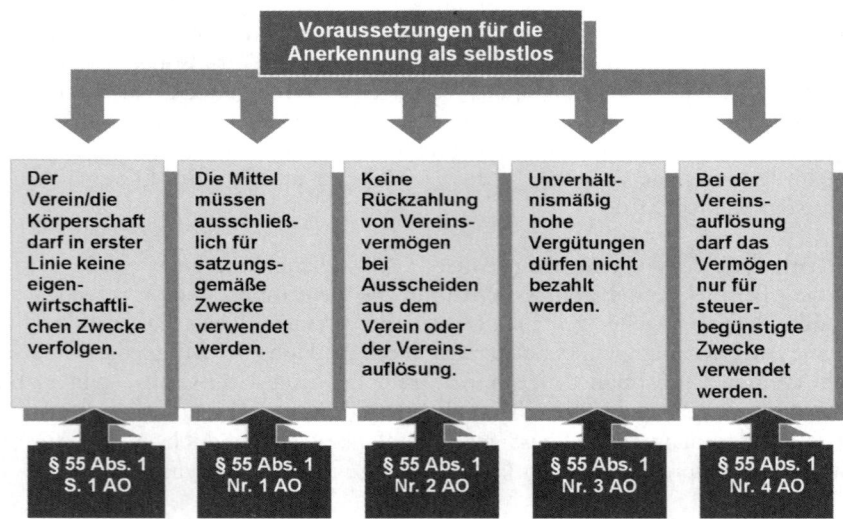

Abb. 5: Voraussetzungen für die Anerkennung der Selbstlosigkeit eines Vereins

Eigenwirtschaftliche Zwecke

Eigenwirtschaftliche Zwecke kann ein Verein nicht nur in finanzieller Hinsicht, sondern auch mit seiner Zielsetzung verfolgen. Bei einem Sportverein ist die Zielsetzung meist klar ersichtlich gemeinnützig. Die Selbstlosigkeit ist z.B. aber dann nicht gegeben, wenn ein Verein zwar nach der Satzung die Jugend fördern soll, sämtliche Aktivitäten aber nur darauf ausgerichtet sind, eine Gastwirtschaft zu betreiben. Für die Frage, ob sich ein Verein in erster Linie wirtschaftlich betätigt, kommt es vor allem auf die Intensität der einzelnen Tätigkeitsbereiche an. Deshalb kann selbst dann eine überwiegend gemeinnützige Tätigkeit vorliegen, wenn die Einnahmen aus einem wirtschaftlichen Geschäftsbetrieb die anderen Einnahmen des Vereins, z.B. aus Beiträgen und Spenden, übersteigen.

Gleichfalls ist ein Verstoß gegen die Selbstlosigkeit gegeben, wenn lediglich Fördermittel erlangt werden sollen (BFH, Urteil vom 13.07.1994, I R 5/93, BStBl 1995 II S. 134).

Ausschließliche Mittelverwendung für satzungsgemäße Zwecke

Die ausschließliche Verwendung für satzungsmäßige Zwecke bedingt, dass Mittel aus dem gemeinnützigen Bereich (ideeller Bereich, Zweckbetrieb) nicht dem wirtschaftlichen Geschäftsbetrieb zugeführt werden dürfen. Daher ist es zum Beispiel bei einer am Wortlaut orientierten Auslegung des Gesetzes unzulässig, mit Mitgliedsbeiträgen und Spenden ein Vereinsheim zu errichten, das dem wirtschaftlichen Geschäftsbetrieb zuzuordnen ist. Das gilt auch bei einem verpachteten Vereinsheim, das Bestandteil der Vermögensverwaltung ist. Denn es ist nicht Satzungszweck, ein Vereinsheim zu betreiben, sondern z.b. den Sport oder die Kultur zu fördern. Dazu gehört die Geselligkeit nur mittelbar.

Die Erstattung von tatsächlichen Kosten steht dem Mittelverwendungsgebot jedoch nicht entgegen (BFH, Urteil vom 03.12.1996, I R 67/95, BStBl 1997 II S. 474).

Es ist aber möglich, dass Mittel des Vereins als Kapitalausstattung für einen Geschäftsbetrieb verwendet werden, wenn geplant ist, dass diese Mittel später aus Überschüssen zurückgezahlt werden. Ansonsten wäre es einem Verein ja niemals möglich, ein Vereinsheim zu errichten.
Bedeutet dies aber, dass sämtliche Überschüsse aus dem wirtschaftlichen Geschäftsbetrieb dem satzungsmäßigen Zweck (nach Steuern) zugeführt werden müssen? Der wirtschaftliche Geschäftsbetrieb kann durchaus freie Rücklagen (die nicht für eine konkrete Maßnahme gebunden sind) bilden. Sie sind bei vernünftiger kaufmännischer Beurteilung auch wirtschaftlich begründet. Voraussetzung ist aber ein konkreter Anlass zur Bildung der Rücklage, der aus objektiver unternehmerischer Sicht die Bildung rechtfertigt. Beispiele für solche Anlässe sind die geplante Erweiterung einer Vereinsgaststätte, der Bau einer neuen Vereinsgaststätte, der Kauf von Mobiliar usw. (Das Thema Rücklagen wird später nochmals im Detail besprochen.)

Die ausschließliche Mittelverwendung von Geldern des Vereins für satzungsmäßige Zwecke bedeutet auch, dass keine Zuwendungen an Mitglieder möglich sind. Ihr steht auch die Gewährung von Darlehen an Vereinsmitglieder und auch Arbeitnehmer entgegen (AEAO zu § 55 AO Tz; FG München, Urteil vom 29.02.1996, 15 K 4332/93, EFG 1996 S. 938).

2 Die Gemeinnützigkeit: e.V. – ja oder nein?

Zur Problematik der Darlehensgewährung hat das BMF mit dem Schreiben vom 14.12.1994 (IV B 7 – S 0170 – 171/94 BStBl 1995 I S. 40) Stellung genommen. Hieraus ergeben sich folgende Grundsätze:

- Darlehen aus zeitnah zu verwendenden Mitteln:
  Darlehensgewährungen sind nur zur Erreichung des Satzungszwecks möglich. Das ist zum Beispiel bei Stipendien oder der Schuldenberatung der Fall. Das Darlehen muss dann zu günstigeren als den banküblichen Konditionen gewährt werden.
- Darlehen aus nicht zeitnah zu verwendenden Mitteln:
  Hier muss die Darlehensgewährung zu banküblichen Konditionen erfolgen. Eine Bindung der Darlehensgewährung an den Satzungszweck ist nicht notwendig.

Verschiedene Einzelfälle:

Geschenke und Zuwendungen an Vereinsmitglieder

Geschenke sind stets ein Streitpunkt in der Praxis. Wertvolle Geschenke – auch an verdienstvolle Funktionäre – sind gemeinnützigkeitsschädlich. Unproblematisch sind jedoch Annehmlichkeiten, wie sie im Rahmen der Betreuung von Mitgliedern allgemein üblich sind und nach der allgemeinen Verkehrsauffassung als angemessen anzusehen sind. Geschenke mit einem Wert bis zu 30 Euro sind erfahrungsgemäß unproblematisch. Bei besonderen persönlichen Ereignissen, wie z.B. Jubiläen oder „runden" Geburtstagen sind Geschenke bis zu 60 Euro nicht problematisch.

Was für Geschenke gilt ist auch bei offenen oder verdeckten Gewinnanteilen von Bedeutung. Das können alle möglichen Zuwendungen sein (Zuschüsse zu Vereinsausflügen etc.). Jährliche Zuschüsse bis zu 30 Euro sind auch hier unproblematisch. Bei höheren Zuwendungen darf der gesamte Zuschussbetrag nicht mehr als 10 Prozent der Gesamtausgaben des Vereins im begünstigten Tätigkeitsbereich überschreiten (FinMin Baden-Württemberg, Erlass vom 06.06.1986, S 0174 A – 7/86, KSt-Kartei der OFDén Freiburg, Karlsruhe, Stuttgart zu 5 Abs. 1 Nr. 9 KStG Tz. 26).

Problematisch sind auch Geldzahlungen in Sportvereinen an Sportler des Vereins. Soweit die Zahlungen nicht aus dem wirtschaftlichen Geschäftsbetrieb geleistet werden, schadet dies nicht der Gemeinnützigkeit, wenn

- die Zahlungen durchschnittlich 358 Euro im Monat nicht übersteigen,
- bei höheren Zahlungen nur der tatsächlich nachgewiesene Aufwand ersetzt wird (vgl. AEAO zu § 67a Abs. 3 AO Tz. 8 und 9).

Höhere Zahlungen sind nur dann unschädlich, wenn ein wirtschaftlicher Geschäftsbetrieb vorliegt und die Zahlungen aus dem wirtschaftlichen Geschäftsbetrieb geleistet werden.

Unentgeltliche oder verbilligte Überlassung von Speisen und Getränken
Werden unentgeltlich oder verbilligt Speisen und Getränke an Mitglieder weitergereicht, steht das dem Grundsatz der satzungsgemäßen Verwendung der Mittel entgegen und kann zum Verlust der Gemeinnützigkeit führen. Folgende Anlässe bilden aber eine Ausnahme zu dieser Regel:

- Mithilfe bei einem Vereinsfest
- eine Klausurtagung oder ganztägige Tagung/Besprechung eines Vereins
- Mithilfe bei Sonderaktionen, wie z.b. Frühjahrsinstandsetzung

Verwendung der Überschüsse aus Vermögensverwaltung, Zweckbetrieb und wirtschaftlichem Geschäftsbetrieb
Überschüsse aus diesen Bereichen müssen stets für satzungsgemäße Zwecke verwendet werden. Auch hier sieht aber das Gesetz Ausnahmen vor (§ 58 AO):

- Spenden an eine andere steuerbegünstigte Körperschaft oder Körperschaft des öffentlichen Rechts zur Verwendung für steuerbegünstigte Zwecke (§ 58 Nr. 2 AO),
- Bildung zweckgebundener Rücklagen (§ 58 Nr. 6 AO),
- Bildung einer freien Rücklage aus der Vermögensverwaltung (höchstens ein Drittel des Überschusses der Einnahmen über die Unkosten aus Vermögensverwaltung und darüber hinaus höchstens 10 vom Hundert der sonstigen nach § 55 Abs. 1 Nr. 5 zeitnah zu verwendenden Mittel) nach § 58 Nr. 7a AO,
- Förderung des bezahlten Sports neben dem unbezahlten Sport durch Sportvereine, soweit der bezahlte Sport gemäß § 67a Abs. 1 AO dem Zweckbetrieb zuzuordnen ist (§ 58 Nr. 9 AO).

Verluste im wirtschaftlichen Geschäftsbetrieb oder im Bereich der Vermögensverwaltung
Nachhaltige Verluste stehen der Gemeinnützigkeit immer entgegen (OFD Cottbus, Verfügung 10.09.1996, S. 0177 – 1 – St 123, DB 1996 S. 2004). Dies gilt sowohl für den wirtschaftlichen Geschäftsbetrieb, wie auch für die Vermögensverwaltung. Grundsätzlich sind solche Verluste innerhalb eines Jahrs wieder auszugleichen (BFH, Urteil vom 13.11.1996, I R 152/93, BFH/NV 1997, R 105).

Gelegentliche Verluste sind jedoch nicht gemeinnützigkeitsschädlich, wenn der Ausgleich auf anderem Wege ernsthaft versucht wird (AEAO zu § 55 Abs. 1 Nr. 1 AO Nr. 8). Dies kann z.b. durch die Erhöhung von Entgelten für Leistungen des steuerpflichtigen wirtschaftlichen Geschäftsbetriebs geschehen. Es ist auch zulässig, Umlagen zu erheben oder Zuschüsse von Firmen zu beantragen.

Verpachtetes Vereinsheim
Eine Vermögensverwaltung kann die satzungsgemäße Mittelverwendung im Sinne von § 55 Abs. 1 Nr. 1 AO gefährden. Die Finanzverwaltung lehnt die Gemeinnützigkeit immer dann ab, wenn die Vermögensverwaltung auf Dauer gesehen zu Verlusten führt, denn dann werden nicht ausschließlich satzungsmäßige Zwecke verfolgt. In der Praxis ergibt sich oft schon aufgrund der Abschreibung ein nachhaltiger Verlust im Bereich der Vermögensverwaltung.

Es ist jedoch dabei nicht die steuerliche Abschreibung maßgeblich, sondern es ist bei der Berechnung der Abschreibung von einer Nutzungsdauer von 100 Jahren auszugehen.

Rücklagenbildung
Der Verein darf nach dem Gesetzeswortlaut keine freien Rücklagen bilden, denn es besteht das Gebot der zeitnahen Mittelverwendung. Die Herkunft der Mittel ist dabei unerheblich. Die Mittel sind grundsätzlich bis zum Ende des folgenden Jahres zu verwenden. Deswegen führt die Ansammlung von Vermögen, das nicht zweckgebunden ist, grundsätzlich zum Verlust der Gemeinnützigkeit. Aber auch hier gibt es Ausnahmen nach § 58 Nr. 6 und 7 AO. Diese Rücklagen müssen gesondert ausgewiesen werden. Für die Bildung einer Rücklage ist stets ein Beschluss erforderlich, der protokolliert sein muss.

Gemeinnützige Zwecke

Zweckgebundene Rücklagen

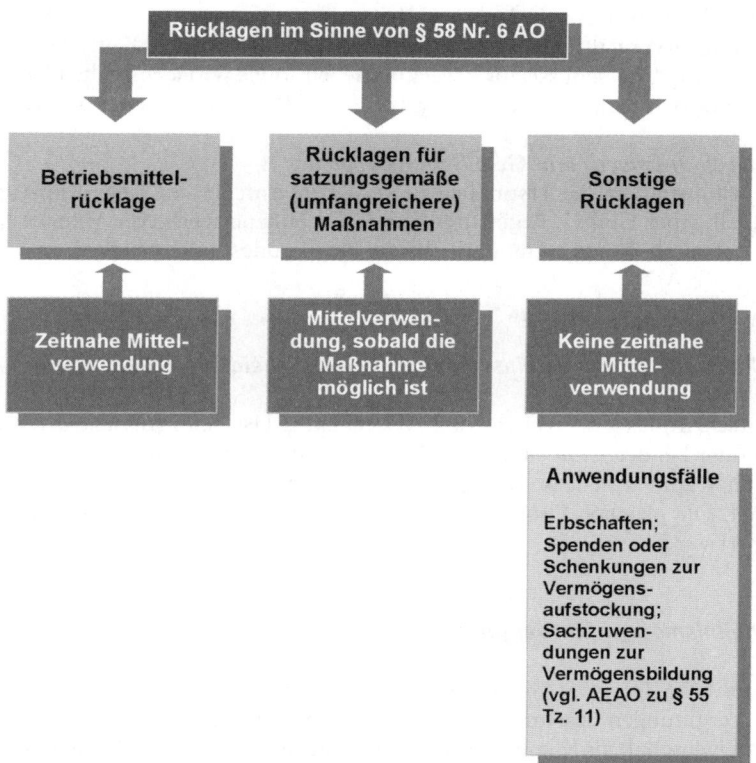

Abb. 6: Ausnahmen zur Rücklagenbildung von Vereinen

Es ist darüber hinaus zulässig, nebeneinander mehrere für einen bestimmten Zweck gebundene Rücklagen zu bilden. Werden die Rücklagen nicht für den Rücklagenzweck eingesetzt, so sind sie wieder zeitnah zu verwenden.

Freie Rücklagen

Eine Sonderregelung gibt es für die Überschüsse aus der Vermögensverwaltung (§ 58 Nr. 7a AO). Danach darf in Höhe von einem Drittel des Überschusses aus der Vermögensverwaltung eine freie Rücklage gebildet werden. Beiträge, Spenden, Zuschüsse und Überschüsse aus Zweckbetrieben sowie wirtschaftlichen Geschäftsbetrieben dürfen nicht für die Bildung von freien Rücklagen verwendet werden.

Rücklage zum Erwerb von Gesellschaftsrechten

Nicht begünstigt ist der erstmalige Erwerb von Anteilen an einer Kapitalgesellschaft, z.B. einer GmbH. Begünstigt ist nur der Hinzuerwerb von Anteilen im Fall einer Kapitalerhöhung, wenn dadurch die Beteiligungsquote gehalten werden soll (§ 58 Nr. 7b AO).

Keine Rückzahlung von Vereinsvermögen bei Ausscheiden aus dem Verein

Die Vorschrift des § 55 Abs. 1 Nr. 2 AO gebietet, dass beim Ausscheiden aus dem Verein oder bei der Auflösung oder Aufhebung des Vereins nicht mehr als die eingezahlten Kapitalanteile und der gemeine Wert der Sacheinlagen zurückgezahlt werden darf. Die gleichen Grundsätze gelten auch, wenn beispielsweise Grundbesitz veräußert wird.

Unverhältnismäßig hohe Vergütungen

Die Vorschrift des § 55 Abs. 1 Nr. 3 AO mit der Regelung zu unverhältnismäßig hohen Vergütungen beschränkt sich auf Nichtmitglieder und Mitglieder, die nicht in ihrer Eigenschaft als Mitglieder tätig sind. Aufgrund dieser Vorschriften ist es unzulässig, unverhältnismäßig hohe

- Aufwandsentschädigungen,
- Sitzungsgelder,
- Reisekostenpauschalen an Vorstands- und Beiratsmitglieder,
- Honorare für Berater und Gutachter

zu zahlen. Der Ersatz von tatsächlichem Aufwand ist jedoch stets zulässig (BFH, Urteil vom 03.12.1996, I R 67/95, BStBl 1997 II S. 474).

Vermögensbindung

Ein Verein kann nur dann als gemeinnützig anerkannt werden, wenn in der Satzung verankert ist, dass das Vermögen im Fall einer Auflösung des Vereins, einer steuerbegünstigten Körperschaft oder einer Körperschaft des öffentlichen Rechts für steuerbegünstigte Zwecke übertragen werden soll. Diese Regelung wird unterstützt durch die §§ 61 und 62 AO. Von dieser satzungsgemäßen Vermögensbindung sind nach § 62 AO befreit:

- Betriebe gewerblicher Art von Körperschaften des öffentlichen Rechts,
- staatlich beaufsichtigte Stiftungen,
- die von einer Körperschaft des öffentlichen Rechts verwalteten unselbstständigen Stiftungen,
- geistliche Genossenschaften (Orden, Kongregationen).

2.2.3 Grundsatz der Ausschließlichkeit

Den Grundsatz der Ausschließlichkeit enthält § 56 AO. Er bedingt, dass ein Verein nur ausschließlich satzungsgemäße Zwecke verfolgen darf. Dieser Grundsatz wird durch mehrere Vorschriften durchbrochen. Es lässt sich durchaus anmerken, dass § 56 AO nicht unbedingt mit § 55 AO (siehe Abbildung 5, letztes Kapitel) abgestimmt ist. Ausnahmen vom Grundsatz der Ausschließlichkeit sind in folgenden Vorschriften enthalten:

- § 55 Abs. 1 AO, wonach nicht in erster Linie eigenwirtschaftliche Zwecke verfolgt werden dürfen. Deswegen schließt ein wirtschaftlicher Geschäftsbetrieb im Sinn von § 64 AO einen Zweckbetrieb (§ 65–68 AO) aber auch die Vermögensverwaltung die Gemeinnützigkeit nicht aus.
- Als unschädlich zu betrachten sind auch gesellige Zusammenkünfte, die im Vergleich zur steuerbegünstigten Tätigkeit von untergeordneter Bedeutung sind (§ 58 Nr. 8 AO).
- Die Förderung des bezahlten Sports neben dem unbezahlten durch einen Sportverein (§ 58 Nr. 9 AO).

Die Ausnahmeregelungen greifen jedoch nicht, wenn die genannten Tätigkeiten – mit Ausnahme des Zweckbetriebs – zum Vereinszweck werden. Die zwei letzten Punkte sollen noch einmal näher betrachtet werden:

Gesellige Veranstaltungen

Gesellige Veranstaltungen sollten unter dem Aspekt des Gemeinnützigkeitsrechts genau betrachtet werden, da

- gesellige Veranstaltungen für Mitglieder des Vereins zum Verlust der Gemeinnützigkeit führen können, wenn diese kostenlos durchgeführt werden (unzulässige Mittelverwendung im Sinn von § 55 Abs. 1 Nr. 1 AO),
- die geselligen Veranstaltungen nicht den Schwerpunkt des Vereinslebens ausmachen dürfen, da ansonsten gegen den Grundsatz des Ausschließlichkeit im Sinn von § 56 AO verstoßen wird.

Zu beachten ist auch, dass durch das Vereinsförderungsgesetz von 1990 (§ 67a Abs. 1 S. 2; § 68 Nr. 7 AO) der Verkauf von Speisen und Getränken dem wirtschaftlichen Geschäftsbetrieb zugeordnet wurde, soweit ein solcher Verkauf nicht Satzungszweck ist.

Förderung des bezahlten Sports

Nach § 58 Nr. 9 AO ist es als unschädlich anzusehen, wenn ein Sportverein neben dem unbezahlten Sport den bezahlten Sport fördert. Die Vorschrift hat im Rahmen des § 67a Abs. 1 AO Bedeutung, wonach sportliche Veranstaltungen als Zweckbetrieb zu behandeln sind, wenn die Einnahmen einschließlich der Umsatzsteuer 30.678 Euro im Jahr nicht übersteigen. Ist dies der Fall und optiert der Verein nicht mit den Veranstaltungen mit bezahlten Sportlern nach § 67a Abs. 2 AO zum wirtschaftlichen Geschäftsbetrieb, können auch für Veranstaltungen mit bezahlten Sportlern Mittel des ideellen Bereichs oder des Zweckbetriebs eingesetzt werden.

2.2.4 Grundsatz der Unmittelbarkeit

Dieser Grundsatz (§ 57 AO) bedingt, dass die Steuervergünstigung nur dann in Betracht kommt, wenn der Verein auch unmittelbar steuerbegünstigten Zwecken dient. Zur Erreichung dieses Zwecks darf sich der Verein natürlicher oder juristischer Personen bedienen, weil das Wirken dieser Personen wie eigenes Handeln anzusehen ist (OFD Frankfurt, Verfügung vom 02.07.1997, S 0176 A – 1 – St II 12, DB 1997 S. 1745). Auch hier gibt es wieder Ausnahmen:

Gemeinnützige Zwecke 33

Fördervereine

So genannte Fördervereine werden gegründet, um eine Leistung nicht direkt anzubieten, sondern für das Leistungsangebot zunächst finanzielle Mittel zu beschaffen. Diese Fördervereine oder auch Spendensammelvereine können trotzdem aufgrund § 58 Nr. 1 bzw. § 58 Nr. 2 AO als steuerbegünstigt anerkannt werden, wenn die Mittel, die der Förderverein beschafft, letztlich für die Verwirklichung steuerbegünstigter (insbesondere gemeinnütziger) Zwecke zur Verfügung gestellt werden. Dabei muss die Weitergabe der Mittel Satzungszweck sein.

Begünstigt sind zum Beispiel Sporthilfe-Fördervereine, wenn die Förderkriterien offen gelegt sind, keine Sportler gefördert werden, die ausreichend andere Möglichkeiten zur Finanzierung ihrer sportlichen Betätigungen haben und die Förderbeträge nicht die Aufwendungen des Sportlers übersteigen (Thüringer FinMin, Erlass vom 25.04.1996 S 0171 A – 35 – 205.2).

Spenden

Spenden an einen anderen Verein oder eine andere Körperschaft sind nur möglich, wenn der empfangende Verein oder die empfangende Körperschaft steuerbegünstigt ist oder es sich um eine Körperschaft des öffentlichen Rechts handelt. In diesem Fall ist die teilweise Weitergabe von Mitteln nach § 58 Nr. 2 AO unschädlich. Die Spenden müssen jedoch auch bei der Weitergabe für den in der Zuwendungsbestätigung angegebenen Zweck verwendet werden. Dies ist insbesondere deshalb nötig, da der Abzug der Spende als Sonderausgabe beim Geber unterschiedlichen Höchstgrenzen unterliegt. Je nachdem, welche gemeinnützigen Zwecke mit der Spende verfolgt werden, ist ein Abzug in Höhe von 5 bis 10 Prozent des Gesamtbetrags der Einkünfte des Gebers möglich (FinMin Bayern, Erlass vom 25.06 1997, 33 – S 0177 – 19/11 – 32948, DB 1997 S. 1746).

Zur-Verfügung-Stellung von Arbeitskräften

Hierzu enthält § 58 Nr. 3 AO eine Ausnahmeregelung. Danach ist z.B. die Gemeinnützigkeit auch dann gegeben, wenn ein Verein für wiederum steuerbegünstigte Zwecke nicht nur ein Fahrzeug, sondern auch das Personal zum Betreiben des Fahrzeugs zur Verfügung stellt. Voraussetzung ist jedoch, dass das Fahrzeug tatsächlich für steuerbegünstigte Zwecke eingesetzt wird.

Überlassung von Räumen

Stellt ein Verein Räume zur Verfügung, ist der Grundsatz der Unmittelbarkeit nach § 58 Nr. 4 AO nur erfüllt, wenn die Überlassung an eine andere steuerbegünstigte Körperschaft zur Benutzung für einen steuerbegünstigten Zweck erfolgt. Aufgrund dieser Vorschrift kann z.b. ein Sportverein seine Turnhalle einem anderen Verein überlassen. Das geht nicht nur mit geschlossenen Räumen, sondern auch z.B. mit Sportstätten, Freibädern und übrigen Einrichtungen.

3 Klassische Einnahmequellen – und was dabei zu beachten ist

> *Bei Geldsachen hört die Gemütlichkeit auf.*
> *(David Hansemann)*

Um einen gemeinnützigen Verein am Leben zu erhalten, muss er in irgendeiner Form finanziert werden. Es gibt verschiedene Möglichkeiten, finanzielle Mittel für einen Verein zu akquirieren. Da die Gemeinnützigkeit, wie aufgezeigt, eine ganze Reihe von Möglichkeiten bietet, Steuern zu sparen und zudem den Verein für Spendengeber fiskalisch gesehen interessanter macht, soll diese auch nicht in Frage gestellt werden. Dieses Kapitel soll einen Überblick über die unterschiedlichen Möglichkeiten einer Vereinsfinanzierung geben, die sich stets an den legalen Grenzen des Gemeinnützigkeitsrechts orientieren.

Die Finanzierungsmöglichkeiten die im Folgenden detailliert dargestellt werden, sind:

- Mitgliedsbeiträge
- Aufnahmegebühren
- spezielle Kursangebote
- Zuschüsse
- Eintrittsgelder
- Veranstaltungen
- Spenden

3.1 Mitgliedsbeiträge

> *Wo ein Ding aufhört, Gegenstand einer Kontroverse zu sein,*
> *hört es auf, Gegenstand des Interesses zu sein.*
> *(William Hazlitt)*

Mitgliedsbeiträge sind die Haupteinnahmequelle eines gemeinnützigen Vereins und damit der finanzielle Grundstock für die Realisation des Satzungszwecks. Als Faustregel gilt, dass die Kosten des Vereins zu mindestens 50 Prozent durch Mitgliedsbeiträge gedeckt werden sollten. Mehr als 700 Millionen Euro fließen jährlich auf diese Art und Weise in deutsche Vereinskassen.

Die Höhe der Mitgliedsbeiträge wird gewöhnlich von der Mitgliederversammlung festgesetzt. Einzelheiten hierüber sollten in der Satzung geregelt sein. Die Satzung muss die Beitragspflicht und eine eventuelle Aufnahmegebühr regeln, sonst ist die Mitgliedschaft grundsätzlich beitragsfrei. Es sollte in der Satzung auch festgehalten werden, in welcher Form der Mitgliedsbeitrag zu erbringen ist. Neben Geldzahlungen gibt es durchaus auch die Möglichkeiten der Sach- oder Arbeitsleistung. Speziell bei Arbeitsleistungen, kann der geldwerte Vorteil um ein Vielfaches höher sein als der übliche Jahresbeitrag (z.b. Arbeitsleistung eines Steuerberaters für den Verein). Die Beitragszahlungen sind sodann im Sinn eines Mindestbeitrags für die Mitglieder verbindlich. Es sei denn, es werden Ausnahmen zugelassen (Schüler, Studenten usw.). Diese Ausnahmen dürfen nicht auf Willkürlichkeit basieren. Höhere Beiträge können freiwillig bezahlt werden. Die Beiträge werden meist einmal pro Jahr oder monatlich erhoben. Die Höhe der vom Verein zu ermittelnden Mitgliedsbeiträge richtet sich nach:

- der finanziellen Leistungsfähigkeit der Mitglieder
- dem Vereinszweck

Wie schon beschrieben, verlangt die gemeinnützige Anerkennung u.a. den Grundsatz der Förderung der Allgemeinheit. Aus diesem Grund dürfen Personen nicht durch überhöhte Beitragsforderungen ausgegrenzt werden. Die Obergrenze des durchschnittlichen Regelbeitrags (inkl. Sonderabgaben und Naturalbeiträgen) darf 1.023 Euro pro Jahr und Mitglied nicht überschreiten. Der durchschnittliche Verein dürfte mit seiner Beitragsstruktur jedoch weit unter dieser Grenze liegen. Das heißt, es gibt aus gemeinnütziger Sicht genügend Spielraum im Bereich der Mitgliedsbeiträge. Es ist grundsätzlich auch sinnvoll eine „Gleitklausel" in der Satzung zu verankern, die eine gewisse Anpassung der Mindestbeiträge an den offiziellen Lebenshaltungsindex vorsieht (Beispiel: „Die Entwicklung der Mitgliedsbeiträge wird an die jährliche Steigerung der amtlichen Lebenshaltungskosten angepasst.").

Das Beitragsaufkommen des Vereins ist eine kalkulierbare Größe. Auf der Basis regelmäßiger Zahlungseingänge können Einnahmen und Ausgaben des Vereins exakt gegenübergestellt werden. Somit entsteht eine gewisse Planungssicherheit. Entsteht beim Verein ein erhöhter Finanzbedarf, dann würde zunächst die Erhöhung der Mitgliedsbeiträge als praktikabel erscheinen. Aber hier ist Vorsicht geboten.

Erhöhung der Mitgliedsbeiträge

Wenn die Erhöhung der Mitgliedsbeiträge in Betracht gezogen wird, kann dies ungeahnte Folgen haben. Grundsätzlich ist kein Mitglied begeistert, wenn es plötzlich für die gleiche Leistung mehr bezahlen muss. So können der Beitragserhöhung folgende Mitgliederaustritte den finanziellen Nutzen mittelfristig relativieren und den Verein von der Mitgliedersubstanz her gesehen sogar schädigen.

Zieht man die Ergebnisse der auf S. 16 erwähnten Vereinsstudie heran, so ist festzustellen, dass die Mehrheit der Befragten (61 Prozent der Gesamtstichprobe) einen Monatsbeitrag für einen Sportverein von zirka 3 Euro, also einen Jahresbeitrag von zirka 36 Euro, als normal ansahen. Knapp 25 Prozent der Befragten sahen diesen Beitrag sogar als günstig an. Dies deutet darauf hin, dass grundsätzlich eine positive Einstellung zu dieser Größenordnung besteht. Eine Erhöhung der Mitgliedsbeiträge innerhalb dieses Rahmens würde somit noch akzeptiert werden.
Sie sollten folgende Punkte bei einer Erhöhung der Mitgliedsbeiträge beachten.

✔ Checkliste: Mitgliedsbeiträge erhöhen

- ☐ die Erhöhung der Mitgliedsbeiträge nur mit einer klaren und nachvollziehbaren Begründung durchführen
- ☐ eine durchgängige Kommunikation zu allen Mitgliedern in Bezug auf die geplante Erhöhung mit einem ausreichend zeitlichen Vorlauf gewährleisten
- ☐ bei speziellen Investitionen (z.B. Geräte, Baumaßnahmen etc.) den erreichbaren Nutzen für die Mitglieder in der Kommunikation herausstellen
- ☐ Verständnis für eventuelle Austrittsgedanken zeigen, aber gleichzeitig zur unterstützenden Mitgliedschaft motivieren
- ☐ den Satzungszweck und die ideelle Zielsetzung des Vereins immer wieder positiv herausstellen

Insbesondere die Erhöhung bei den Grundbeträgen ist mit einigen Nachteilen für die Mitglieder verbunden und sollte deshalb nicht allzu oft überraschend durchgeführt werden. Ist eine regelmäßige Erhöhung in der Satzung festgeschrieben und bei den Mitgliedern ab Eintritt bekannt, dann ist dies weniger problematisch.

Sonderbeiträge

Neben den Grundbeiträgen gibt es auch die Möglichkeit, Sonderbeiträge für spezielle Leistungen zu verlangen. Diese Sonderbeiträge treffen dann nicht alle Vereinsmitglieder, sondern nur die, die diese spezielle Leistung in Anspruch nehmen wollen.
In der Vereinsstudie wurde unter anderem die Frage analysiert, ob die Befragten bereit wären, für besondere Serviceleistungen extra zu bezahlen. Insgesamt bejaht die knappe Mehrheit der Befragten (über 51 Prozent) diese Frage. Bei der Stichprobe einer niederbayerischen Stadt wären sogar über 63 Prozent bereit, für besondere Serviceleistungen extra zu bezahlen. Interessant war dabei auch, dass die Bereitschaft mit zunehmendem Alter sinkt. Besonders bei den befragten Personen über 60 Jahre sind nur noch zirka 30 Prozent bereit, zusätzliche Leistungen extra zu vergüten.

Diese Zahlen zeigen sehr deutlich, dass die Bereitschaft, mehr an den Verein zu zahlen, durchaus vorhanden ist. Allerdings nur unter der Voraussetzung, dass auch besondere Serviceleistungen angeboten werden.
Eine weitere Voraussetzung für die moderate Beitragserhöhung oder Nutzung von Sonderbeträgen ist sicher eine gewisse Grundzufriedenheit der Mitglieder mit den allgemein gebotenen Leistungen des Vereins.
Eine weitere Frage der Vereinsstudie war: „Was müsste der ideale Sportverein der Zukunft bieten?" Über 90 Prozent der Befragten konnten keine Antwort geben. Die zirka 10 Prozent der Personen, die eine Antwort parat hatten, wünschten sich einen Sportverein mit einem möglichst großen Sport- und Freizeitangebot. Darüber hinaus dominierte der Wunsch nach möglichst flexiblen und umfangreichen Nutzungszeiten und -möglichkeiten.

Die Antworten auf die genannte Frage zeigten zudem eine ganze Fülle möglicher besonderer Serviceleistungen auf. So wurden zum Beispiel Trainingszeiten an Vormittagen für Hausfrauen und Mütter genannt.
Setzen Sie sich in Ihrem Verein intensiv mit allen Mitgliedern auseinander und ermitteln Sie, welche Serviceleistungen gewünscht werden, um diese zusätzliche Finanzierungsmöglichkeit für den Verein zu erschließen.

Zieht man den Vergleich zu kommerziellen Anbietern (z.B. Fitness-Studios im Sport), die häufig für eine ähnliche Leistung mehr als das Zehnfache eines durchschnittlichen Vereinsbeitrags erzielen, dann erkennt man das große Potenzial zur Einnahmenerhöhung in diesem Bereich. Der Verein als Ganzes muss für die jeweilige Zielgruppe nur interessant genug sein. Schöner Nebeneffekt: Auf diese Art und Weise gewinnen Sie meist zusätzlich neue Mitglieder.

Übung: Fremd- oder selbstgesteuert? – Eine Frage der richtigen Einstellung zum Thema Beitragserhöhung

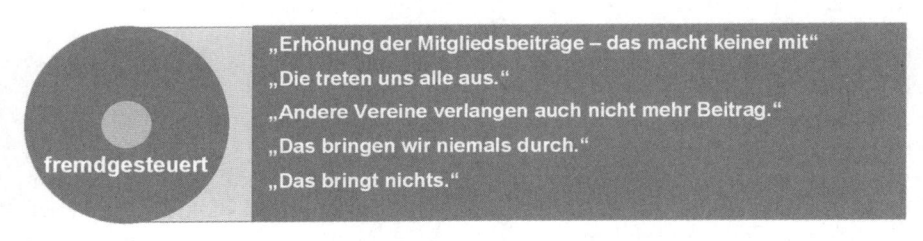

fremdgesteuert
„Erhöhung der Mitgliedsbeiträge – das macht keiner mit"
„Die treten uns alle aus."
„Andere Vereine verlangen auch nicht mehr Beitrag."
„Das bringen wir niemals durch."
„Das bringt nichts."

selbstgesteuert
„Wir klären unsere Mitglieder umfassend über die Ziele und Notwendigkeit der Beitragserhöhung auf."
„Wir fragen eine kleine Stichprobe von Mitgliedern, wie sie zu einer Erhöhung stehen, wenn sie wissen, warum es nötig ist."
„Ich werde gleich einige Mitglieder anrufen."

Notieren Sie jetzt, was Sie persönlich zu diesem Thema beitragen können:
➡
➡
➡
➡

3.2 Aufnahmegebühren

Aufnahmegebühren können eine lukrative Finanzquelle darstellen. Allerdings darf auch hier der Grundsatz der Förderung der Allgemeinheit aus dem Gemeinnützigkeitsrecht nicht verletzt werden. Darin ist die Obergrenze für Aufnahmegebühren auf 1.534 Euro festgesetzt.

Jeder Verein sollte individuell entscheiden, ob er den natürlichen Filter Aufnahmegebühr einsetzen möchte und wenn ja, welcher Betrag gewählt wird. Dies hängt sehr stark davon ab, wie hoch die im Idealfall gewünschte Mitgliederzahl des Vereins sein soll. Bei einem Sportverein spielt es dabei eine ebenso wichtige Rolle, wie hoch die Kapazität der vorhandenen Sportstätten und die Zahl qualifizierter Übungsleiter und Trainer ist.

Aufnahmegebühren sind eine Art Ausgleichszahlung für das Nutzen der Werte, die ein Verein im Laufe seiner Existenz geschaffen hat. Dies ist beispielsweise der Fall, wenn ein Verein intensive wirtschaftliche Vorleistungen in Form von Baumaßnahmen (Golfplatz, Tennisplatz, Theater u.Ä.) bringen muss, um den Satzungszweck überhaupt erfüllen zu können, sprich den Verein einsatzfähig zu machen. Somit wäre es im Sinne einer „finanziellen Fairness" ungerecht, wenn die Gründungsmitglieder einen höheren Einsatz bringen müssten als die nachfolgenden Mitgliedergenerationen. Aus diesem Grund gibt es Aufnahmegebühren.

> **!** Eine Aufnahmegebühr muss in der Satzung niedergeschrieben sein. Wie beim Mitgliedsbeitrag ist auch hier aus praktischen Gründen darauf zu verzichten, einen genauen Betrag in der Satzung anzugeben. Sinnvoller ist es, die einzelnen Bedingungen für die Nutzung der Aufnahmegebühr festzuschreiben (z.B. dass die Mitgliederversammlung oder ein Ausschuss den jeweiligen Betrag bestimmt).

Übung: Fremd- oder selbstgesteuert? – Eine Frage der richtigen Einstellung zum Thema Aufnahmegebühren.

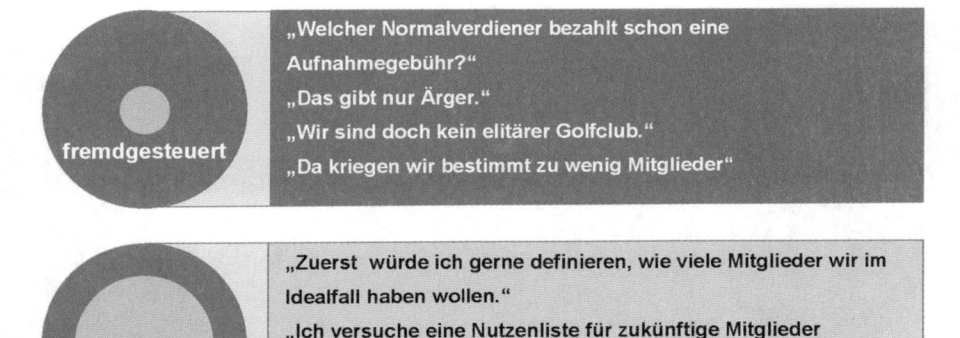

fremdgesteuert
„Welcher Normalverdiener bezahlt schon eine Aufnahmegebühr?"
„Das gibt nur Ärger."
„Wir sind doch kein elitärer Golfclub."
„Da kriegen wir bestimmt zu wenig Mitglieder"

selbstgesteuert
„Zuerst würde ich gerne definieren, wie viele Mitglieder wir im Idealfall haben wollen."
„Ich versuche eine Nutzenliste für zukünftige Mitglieder aufzustellen, die eine Aufnahmegebühr rechtfertigen würde."
„Wollen wir einen Aufnahmefilter einführen?"

Notieren Sie jetzt, was Sie persönlich zu diesem Thema beitragen können:
➡
➡
➡
➡

3.3 Spezielle Kursangebote

Hier sind nicht die ohnehin vorhandenen Kurse gemeint, sondern solche, die für einen begrenzten Zeitraum angeboten werden. Diese Kurse sollten vor allem für Nichtmitglieder zugänglich sein. Für diese Kurse wird dann eine eigene Kursgebühr verlangt, die durchaus für Vereinsmitglieder günstiger gestaltet werden kann. Auch mit dieser zusätzlichen Einnahmequelle besteht die Möglichkeit, neue Mitglieder für den Verein zu werben. Seitens der Gemeinnützigkeit steht der Ausweitung des Kursangebots für Nichtmitglieder nichts entgegen, solange die Kurse mit dem Satzungszweck des Vereins übereinstimmen. So widerspricht zum Beispiel ein im Sportverein durchgeführter Erste-Hilfe-Kurs nicht dem Satzungszweck, da Erste Hilfe im Sportverein immer gebraucht werden kann. Ein Sportverein darf z.B. auch jederzeit gegen

Entgelt Sportunterricht in einer Schule oder privat erteilen, solange die fachlichen Voraussetzungen dafür vorhanden sind (z.B. Übungsleiterlizenz). Die Einnahmen dieser Kurse sind steuerrechtlich dem Zweckbetrieb des Vereins zuzuordnen und damit steuerfrei.

Übung: Fremd- oder selbstgesteuert? – Eine Frage der richtigen Einstellung zum Thema „Spezielle Kursangebote".

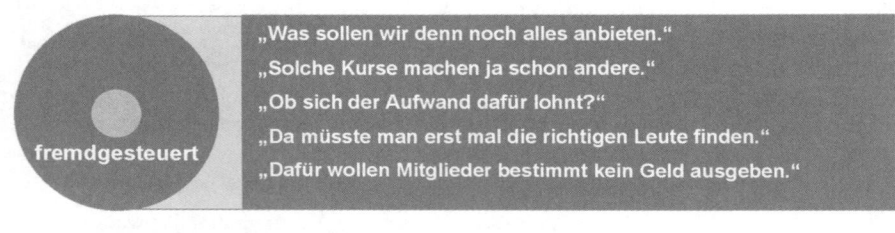

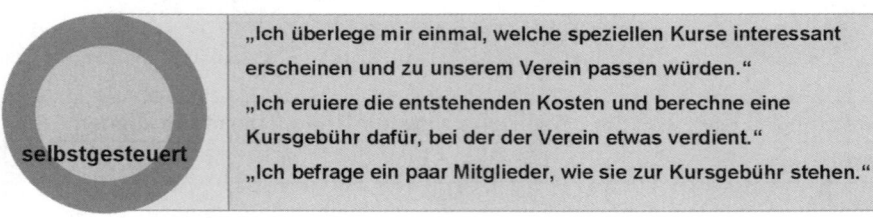

fremdgesteuert
„Was sollen wir denn noch alles anbieten."
„Solche Kurse machen ja schon andere."
„Ob sich der Aufwand dafür lohnt?"
„Da müsste man erst mal die richtigen Leute finden."
„Dafür wollen Mitglieder bestimmt kein Geld ausgeben."

selbstgesteuert
„Ich überlege mir einmal, welche speziellen Kurse interessant erscheinen und zu unserem Verein passen würden."
„Ich eruiere die entstehenden Kosten und berechne eine Kursgebühr dafür, bei der der Verein etwas verdient."
„Ich befrage ein paar Mitglieder, wie sie zur Kursgebühr stehen."

Notieren Sie jetzt, was Sie persönlich zu diesem Thema beitragen können:
➡
➡
➡
➡

3.4 Zuschüsse

Ein Zuschuss ist ein Vermögensvorteil, den ein Zuschussgeber zur Förderung eines auch in seinem Interesse liegenden Zwecks dem Zuschussempfänger zuwendet. Solche Zuschüsse erhalten Vereine oftmals von Bund, Land, Gemeinde, Dachverbänden oder auch Dritten. Ein Zuschuss setzt begrifflich Folgendes voraus:

- ein Eigeninteresse des Gebers
- es darf keine Verpflichtung mit dem Zuschuss erfüllt werden
- der Zuschuss ist regelmäßig nicht rückzahlbar

Dementsprechend sind z.b. Baukostenzuschüsse eines Mieters, weil sie im Rahmen eines Leistungsaustauschs erfolgen, keine Zuschüsse. Dies ist dann der Fall, wenn ein Verein einer Gemeinde einen Zuschuss zum Bau einer Veranstaltungshalle gibt und die Halle 10 Jahre mit einer bestimmten Stundenzahl unentgeltlich im Zweckbetrieb oder im ideellen Bereich nutzen kann. Hier liegen Leistung und Gegenleistung vor.

Zuschussarten

- Einmaliger (jahresbezogener) Zuschuss für den allgemeinen Vereinsbetrieb
- Barzuschuss für besondere Investitionen, Anschaffungen usw.
- personengebundener Zuschuss bei Teilnahme an bestimmten Leistungswettbewerben, internen/externen Vereinsveranstaltungen, Fortbildungsmaßnahmen einzelner Vereinsmitglieder bis hin zu meist mitgliederabhängigen Reisekostenzuschüssen bei auswärtigen Vereinskontakten/Begegnungen
- gezielte Unterstützung jugendlicher Vereinsmitglieder bei Wettkämpfen, Proben durch anteilige Reisekostenzuschüsse
- einmaliger Zuschuss für besonders herausragende Veranstaltungen innerhalb der Gemeinde/Stadt bis hin zu Ausfallbürgschaften
- einmaliger Zuschuss für dringend gebotene Modernisierungs-/Sanierungsmaßnahmen für vereinseigene Anlagen
- direkter Personalkostenzuschuss für angestellte Vereinskräfte, insbesondere im Übungsleiterbereich
- einmaliger Barzuschuss für nationale/internationale Begegnungen/Treffen
- Zuschuss aus Anerkennung für besonders herausragende Vereinserfolge

Diese Aufzählung erhebt nicht den Anspruch auf Vollständigkeit. Das Feld der Fördermöglichkeiten ist sehr groß. In diesem Buch soll lediglich ein grundsätzlicher Einblick gegeben werden.

Die ertragssteuerliche Behandlung von Zuschüssen ist nicht nur von der Frage abhängig, ob ein echter oder unechter Zuschuss vorliegt, sondern auch davon, ob eine Einnahme im ideellen Bereich, in der Vermögensverwaltung, im Zweckbetrieb oder im steuerschädlichen wirtschaftlichen Geschäftsbetrieb gegeben ist. Umsatzsteuerrechtlich ist es lediglich von Bedeutung, ob ein echter oder unechter Zuschuss vorliegt, da echte Zuschüsse nicht steuerbar sind.

Echte Zuschüsse

Echte Zuschüsse erfolgen nicht zur Abgeltung einer Leistung an den Zahlenden oder einen Dritten. Es liegt kein Leistungsaustauschverhältnis vor. Um echte Zuschüsse handelt es sich auch, wenn der Zahlungsempfänger die Zahlungen lediglich erhält, um ganz allgemein in die Lage versetzt zu werden, überhaupt tätig zu werden. Echte, nicht steuerbare Zuschüsse erfolgen für ein Verhalten, das im allgemeinen öffentlichen Interesse liegt und wenn der Zahlungsempfänger aus bestimmten strukturpolitischen, volkswirtschaftlichen oder allgemeinpolitischen Gründen subventioniert werden soll. Echte Zuschüsse setzen im Regelfall ein uneigennütziges Verhalten des Zuschussgebers voraus.

Unechte Zuschüsse

Bezweckt der Zahlende mit der Zahlung die Abgeltung einer Leistung des Zahlungsempfängers an ihn selbst, handelt es sich um Entgelt für diese Leistung. Es liegt dann ein Leistungsaustauschverhältnis vor. Die hier als Zuschuss bezeichnete Leistung ist demnach umsatzsteuerbar. Die Beurteilung erfolgt nach diesen Kriterien:

- Erfolgt die Leistung um der Gegenleistung willen?
- Gibt es Vereinbarungen oder Vertragsparteien (Verträge oder Vorgaberichtlinien)?
- Was ist der Zweck und die Zielsetzung der Zahlung?
- Liegen bestimmte Rechtsverhältnissen zwischen den Beteiligten vor?

> **!** Oftmals ist die Gewährung von Zuschüssen an Vereine von der Gemeinnützigkeit abhängig, so dass der rückwirkende Entzug der Gemeinnützigkeit regelmäßig auch zu Zuschussrückzahlungen führt.

Grundsätzlich besteht kein Rechtsanspruch auf Zuschüsse. Obwohl die derzeitige wirtschaftliche Situation bei Bund, Ländern, Gemeinden, Dachverbänden und auch Dritten dazu führt, mehr und mehr an Förderungen und Zuschüssen zu sparen, bleibt dies für einen Verein trotzdem eine der wichtigsten Finanzquellen. Speziell bei Bauvorhaben ist die Eigenkapitaldecke vieler Vereine zu dünn, um dies zu 100 Prozent zu finanzieren. Schon dies zeigt, die Notwendigkeit von Zuschüssen ist unabdingbar.

Es übersteigt den Rahmen dieses Buchs, alle möglichen Zuschussgeberstellen und Arten von Zuschüssen aufzuzählen. Sie sollten sich für Ihren Verein einen detaillierten Überblick über die zahlreichen Fördermöglichkeiten verschaffen. Suchen Sie dabei den persönlichen Kontakt mit den jeweils zuständigen Bearbeitern in der öffentlichen Verwaltung. Erste Anlaufstellen sind dabei:

- Jeweils zuständige Ämter der Städte und Gemeinden (z.B. Sportamt oder Kulturamt)
- Dachverbände
- Bund und Ministerien der Länder

Übung: Fremd- oder selbstgesteuert? – Eine Frage der richtigen Einstellung zum Thema „Zuschüsse".

fremdgesteuert
„Die öffentlichen Kassen sind leer, da haben wir nichts zu erwarten. Den Aufwand für den Antrag kann man sich sparen."
„So eine Antragstellung ist sowieso ein Buch mit sieben Siegeln."
„Das haben wir doch schon alles probiert."

selbstgesteuert
„Ich mache mich schlau, welche Möglichkeiten der Bezuschussung es lokal, regional und national gibt."
„Ich informiere mich wie man einen Zuschussantrag stellt."
„Ich werde Personen kontaktieren, die sich mit Zuschüssen auskennen und mir helfen können."

Notieren Sie jetzt, was Sie persönlich zu diesem Thema beitragen können:
➡
➡
➡
➡

3.5 Eintrittsgelder

Eintrittsgelder stellen eine Einnahmequelle dar, die vor allem für Vereine interessant sind, die für Zuschauer attraktive Veranstaltungen zu bieten haben.

Eintrittsgelder, die dem Satzungszweck dienen, sind grundsätzlich dem Zweckbetrieb zuzuordnen. Ein Zweckbetrieb liegt auch dann vor, wenn ein gemeinnütziger Verein zwar in Konkurrenz zu gewerblichen Veranstaltungen tritt, jedoch diese Konkurrenz zur Erfüllung des Satzungszwecks notwendig ist (§ 65 AO, AEAO zu § 65 Nr. 4).

Eintrittsgelder in diesem Sinne sind auch so genannte Hutsammlungen oder freiwillige Zahlungen in eine Jugendkasse bei einer Veranstaltung.

Bei Sportveranstaltungen gibt es jedoch eine Sonderregelung. Die sportlichen Veranstaltungen können unter Umständen dem wirtschaftlichen Geschäftsbetrieb zuzuordnen sein: wenn z.B. Mitglieder des Vereins teilnehmen, die als Sportler oder Werbeträger vom Verein oder von einem Sponsoren mehr als eine Aufwandsentschädigung erhalten oder wenn fremde Sportler direkt oder indirekt vom Verein für eine Teilnahme über eine Aufwandsentschädigung hinaus bezahlt werden.

> **!** Der erste Schritt bei der Festlegung von Eintrittsgeldern sollte die Analyse vergleichbarer Veranstaltungen in der Region sein, die die gleichen Zielgruppen ansprechen. So erhält man einen Eindruck, welche Höhe des Eintrittsgeldes am Markt akzeptiert wird. Versuchen Sie dabei Ihre Veranstaltung möglichst kritisch in Bezug auf den Nutzen für die Besucher zu sehen. Meistens denkt man als Insider und damit mit idealistischem Motiv, dass die eigene Veranstaltung eine Menge Nutzen für den Besucher bietet. Aus Sicht der Besucher mag das aber ganz anders aussehen.
> Vermeiden Sie die Festlegung der Eintrittspreise in die Satzung aufzunehmen. Andernfalls ist bei Änderung der Preisstaffeln stets eine Satzungsänderung notwendig.

> **Übung:** Fremd- oder selbstgesteuert? – Eine Frage der richtigen Einstellung zum Thema „Eintrittsgelder".

fremdgesteuert
„Wir haben doch gar nicht so viele Zuschauer, dass sich der Aufwand lohnen würde."
„Da werden uns bestimmt die Zuschauer wegbleiben."
„Wer will diese unangenehme Aufgabe schon übernehmen?"
„Eintrittsgelder sind nur was für wirkliche Attraktionen."

selbstgesteuert
„Bei den nächsten drei Heimspielen zählen wir die Zuschauer und machen zusätzlich eine Hutsammlung, dann sehen wir, was durchschnittlich gegeben wird."
„Ich recherchiere mal, welche Eintrittsgelder andere Vereine in der Region für bei vergleichbaren Veranstaltungen verlangen."

Notieren Sie jetzt, was Sie persönlich zu diesem Thema beitragen können:
➡
➡
➡
➡

3.6 Veranstaltungen

> *Das Vergnügen ist die Verpackung des Glücks.*
> *(Thomas Clayton Wolfe)*

Mit Veranstaltung sind hier nicht regelmäßige Veranstaltungen des Vereins gemeint, sondern die meist einmal im Jahr stattfindenden Großveranstaltungen (z.B. Faschingsball, Sommerfest etc.). Solche geselligen Veranstaltungen sind steuerpflichtige wirtschaftliche Geschäftsbetriebe. Veranstaltungen, bei denen zwar auch die Geselligkeit gepflegt wird, die aber zum Beispiel in erster Linie zur Betreuung behinderter Personen durchgeführt werden, können unter den Voraussetzungen der

§§ 65 und 66 AO davon abweichend Zweckbetrieb sein und sind dementsprechend steuerlich zu behandeln.

Eintrittsgelder für diese geselligen Veranstaltungen sind zwar gemeinnützigkeitsunschädlich, aber ebenso dem wirtschaftlichen Geschäftsbetrieb des Vereins zuzuordnen und damit steuerpflichtig.

Der Verkauf von Speisen und Getränken ist auf geselligen Großveranstaltungen für Vereine oftmals die lukrativste Einnahmequelle. Fiskalisch ist dies eindeutig dem wirtschaftlichen Geschäftsbetrieb zuzuordnen. Wie schon erwähnt, stehen gesellige Veranstaltungen der Gemeinnützigkeit dann nicht entgegen, wenn diese nicht den Schwerpunkt des Vereinslebens ausmachen oder kostenlos durchgeführt würden. Aber dies entspräche ja genau der gegenteiligen Absicht, die Vereinskasse aufzufüllen.

Übung: Fremd- oder selbstgesteuert? – Eine Frage der richtigen Einstellung zum Thema „Veranstaltungen".

fremdgesteuert
„Die Menschen sind heutzutage in Bezug auf Veranstaltungen übersättigt."
„Das macht viel Arbeit, aber es springt nicht viel raus dabei."
„Und wenn dann auch noch das Wetter schlecht ist, kommen überhaupt keine Leute."

selbstgesteuert
„Ich informiere mich, zu welchem Zeitpunkt möglichst keine Konkurrenzveranstaltungen stattfinden."
„Ich mache zur Arbeitserleichterung einen Organisationsplan."
„Ich frage die Sparte der Damengymnastik, ob sie ein Kuchenbuffet auf die Beine stellen würden."

Notieren Sie jetzt, was Sie persönlich zu diesem Thema beitragen können:
➡
➡
➡
➡

3.7 Spenden

Die Gemeinnützigkeit stellt für einen Verein im Hinblick auf Spenden einen großen Vorteil dar. Wie schon angesprochen wird die Höhe der Zuschüsse und Förderungen aufgrund der angespannten Haushaltslagen zurückgehen, somit gewinnt die Spende für einen Verein mehr und mehr an Bedeutung. Bei sozialen und kulturellen Vereinen stellt die Spende oftmals das Finanzierungsinstrument schlechthin dar.

Spenden können von Unternehmen als Betriebsausgaben und Privatpersonen als Sonderausgaben steuermindernd bei Körperschaftssteuer, Gewerbesteuer oder Einkommensteuer ausgewiesen werden. Sie bieten somit auch für den Spender neben dem ideellen Einsatz einen wirtschaftlichen Anreiz. Dazu benötigt das Unternehmen oder die Privatperson aber eine so genannte Zuwendungsbestätigung.

Eine solche Bescheinigung durfte bis in jüngster Vergangenheit nicht von jeder Art eingetragener Vereine ausgestellt werden. Sportvereine waren beispielsweise grundsätzlich nicht zur Erteilung von Zuwendungsbestätigungen berechtigt. Trotzdem konnten Spenden für Sportvereine von Betrieben als Betriebsausgabe oder von Privatpersonen bei der Einkommensteuer als Sonderausgabe geltend gemacht werden, indem man sich der so genannten Durchlaufspende bediente. Dies hat sich seit 1. Januar 2000 vollkommen geändert. Alle gemeinnützigen Einrichtungen, die auf das Durchlaufspendenverfahren angewiesen waren, sind nun in der Lage selbst eine Zuwendungsbestätigung auszustellen. Diese hat allerdings nach § 50 Abs. 1 EstDV auf einem amtlichen vorgeschriebenen Formular zu erfolgen, das bei jedem Finanzamt zu erhalten ist.

Nicht jede Zuwendung an einen gemeinnützigen Verein bzw. eine andere gemeinnützige Institution erfüllt die Voraussetzungen einer Spende. Eine Spende liegt dann nicht vor, wenn der Geldzahlung oder der Sachzuwendung eine vertragliche oder ähnliche Gegenleistung des Empfängers gegenübersteht. Deswegen können z.B. Mitgliedsbeiträge für einen Sportverein, aber auch Aufnahme- oder Beitrittsgebühren nicht als Spenden im eigentlichen steuerrechtlichen Sinne angesehen werden. Auch der Kauf von Eintrittskarten zu einem erhöhten Entgelt ist wie der Kauf von Wohlfahrtsbriefmarken keine Spende. Entscheidend ist dabei immer, ob eine gewisse Freiwilligkeit beim Spender unterstellt werden kann. Aus diesem Grund darf es keine definierte Gegenleistung des Spendenempfängers geben.

Da die Spendenbereitschaft nicht jederzeit willkürlich abrufbar ist, spielt ein Faktor eine wesentliche Rolle im Bemühen um Vereinsspenden: Der richtige emotionale Zeitpunkt. Optimal ist es, wenn der Verein eine Spendenaktion mit einem beson-

deren Ereignis (z.B. ein Vereinsjubiläum) oder einen besonderen Erfolg (Titel, Ehrungen) in der Vereinsarbeit verbinden kann.
In jedem Fall ist es besser, aktiv zu einer Spende aufzurufen als passiv darauf zu warten bis sich Spender einfinden.

Für eine erfolgreiche Arbeit mit Spenden ist nicht zuletzt Offenheit und Information des Vereins gegenüber den Spendern Voraussetzung. Eine konsequente und stetige Öffentlichkeitsarbeit wirkt sich in diesem Bereich sehr positiv aus.

Übung: Fremd- oder selbstgesteuert? – Eine Frage der richtigen Einstellung zum Thema „Spenden".

fremdgesteuert
„Klinken putzen ist unangenehm."
„Den Leuten geht es wirtschaftlich nicht mehr so gut, da wird auch an Spenden gespart."
„Das funktioniert nur in der Vorweihnachtszeit."
„Das Ausstellen von Spendenquittungen ist kompliziert."

selbstgesteuert
„Ich werde sofort die notwendigen Formulare für die Ausstellung von Zuwendungsbestätigungen besorgen."
„Ich schreibe zu besonderen Vereinsereignissen regelmäßig Spendenaufrufe an Betriebe und ausgesuchte Privatpersonen."
„Ich nutze jedes positive Ereignis, um Spenden zu erhalten."

Notieren Sie jetzt, was Sie persönlich zu diesem Thema beitragen können:
➡
➡
➡
➡

4 Woher es sonst noch Geld gibt

Neben den klassischen Einnahmequellen bieten sich alternative Wege, um die Einnahmenseite des Vereins zu erweitern. In diesem Kapitel werden vorgestellt:

- Finanzmittel eines Fördervereins
- Finanzmittel von Mäzenen
- Finanzmittel von privaten oder öffentlichen Stiftungen
- Umlagen und Sonderbeiträge
- Ablösesummen und Merchandising
- Basare, Lotterien und Tombolas
- Altmaterialsammlungen
- Vereinszeitschrift und Vereinsgaststätte
- Finanzmittel aus Bußgeldern

4.1 Finanzmittel eines Fördervereins

Ein Förderverein ist wie in Kapitel 2.2.4 beschrieben die perfekte Ausnahme von der Regel. Ein Förderverein genießt den Vorteil der Gemeinnützigkeit, wenn er für einen anderen Verein Spenden sammelt, um dessen gemeinnützigen und steuerbegünstigten Zweck zu fördern. Der Förderverein selbst muss dafür keinen gemeinnützigen Zweck erfüllen. So kann man zum Beispiel einen Förderverein zur Finanzierung einer speziellen Sportanlage gründen.

Der Vorteil liegt in der doppelten Steuervergünstigung. Sowohl der geförderte Verein als auch der Förderverein sind von der Körperschafts- und Gewerbesteuer befreit, wenn sie aus ihren wirtschaftlichen Geschäftsbetrieben jeweils nicht mehr als 30.678 Euro erzielen (§ 64 Abs. 3 AO).

Mit einem Förderverein verdoppeln sich so die möglichen steuerfreien Einkünfte – mit dem Segen der Finanzverwaltung. Auch kann bei der Umsatzsteuer die Kleinunternehmerregelung zweimal beansprucht werden, das heißt, beide Vereine sind umsatzsteuerfrei, wenn sie beim Umsatz des Vorjahrs 17.500 Euro und beim laufenden Umsatz 50.000 Euro unterschreiten (§ 19 Abs. 2 UStG).

Im Übrigen wird auf das BFH-Urteil vom 8.3.1967, I 145/64, BStBl 1967 III S. 373 Bezug genommen, welches grundsätzlich eine solche Aufsplittung der Einnahmen akzeptierte. Ein Förderverein zur Unterstützung nur eines gemeinnützigen Vereins oder gar einer Abteilung eines gemeinnützigen Vereins stellt demnach keinen Gestaltungsmissbrauch dar. Zwei Dinge sind dabei allerdings zu vermeiden:

- Der Vorstand und sonstige Vereinsorgane dürfen nicht identisch sein.
- Der Förderverein muss eigenständig handeln können.

Trotzdem sollte an dieser Stelle auch § 64 Abs. 4 AO beachtet werden, der auf den Missbrauch der Regelung zum Förderverein hinweist.

Der Förderverein muss sich nicht auf das Spendensammeln beschränken. Er kann auch unmittelbar in die Aktivitäten des von ihm geförderten Vereins eingreifen, z.B. Rechnungen bezahlen. Er kann sogar einen wirtschaftlichen Geschäftsbetrieb unterhalten. Seine Gewinne muss der Förderverein dem geförderten Verein zur Verfügung stellen. Dann handelt er satzungsgemäß und verstößt somit nicht gegen das Gebot der Ausschließlichkeit. Außerdem muss der Förderverein seine Mittel zeitnah dem zu fördernden Verein zuwenden (BFH, Urteil v. 13.9.1989, I R 19/85, BStBl 1990 II S. 28).

Die Erträge aus dem wirtschaftlichen Betrieb müssen allerdings niedriger sein als die Mitgliedsbeiträge und Aufnahmegebühren für den Förderverein, auf jeden Fall weniger als 50 Prozent.

Übung: Fremd- oder selbstgesteuert? – Eine Frage der richtigen Einstellung zum Thema Förderverein.

fremdgesteuert
- „Für einen Förderverein muss man erst mal genügend Leute zusammenbringen, die ihn unterstützen."
- „Förderverein klingt kompliziert. Ob wir das mit unseren Möglichkeiten überhaupt können?"
- „Fördervereine sind steuerlich eine zu schwierige Sache."

selbstgesteuert
- „Wir überlegen uns zusammen, für welches Teilprojekt wir einen Förderverein ins Leben rufen könnten."
- „Ich informiere mich, welche Formalien zur Gründung eines Fördervereins nötig sind."
- „Ich kontaktiere potenzielle Fördervereinsmitglieder."

Notieren Sie jetzt, was Sie persönlich zu diesem Thema beitragen können:

➡
➡
➡
➡

4.2 Finanzmittel von Mäzenen

Mäzenatentum ist die älteste Form der Förderung. Sie ist besonders in der Kunstszene bekannt. Ein Mäzen ist ein Förderer, der in der Regel Einzelpersonen fördert, ohne einen definierten Gegennutzen aus diesem Engagement zu haben. Ein Mäzen stellt Mittel zur Verfügung, um einer Liebhaberei zu frönen. Er handelt ausschließlich nach selbstlosen Motiven. Mäzene stehen in der Regel im Hintergrund und werden zum Teil auch geheim gehalten. Die gilt ebenso im Sportbereich, wobei die Zahl der reinen Mäzene nicht sehr hoch ist.

Wenn ein Sportverein speziell im Leistungssportbereich über besondere Talente verfügt, die einer besonderen (auch finanziellen) Förderung bedürfen, so wäre bei-

4 Woher es sonst noch Geld gibt

spielsweise die gezielte Suche nach Mäzenen im Umfeld des Sportvereins eine Möglichkeit, die Vereinskasse zu entlasten. Oft wird Mäzenatentum mit Sponsoring verwechselt und umgekehrt. Die genaue Definition von Sponsoring erfolgt später in einem eigenen Kapitel. Eines kann jedoch schon an dieser Stelle festgestellt werden. Ein Mäzen hat keinen vereinbarten Gegennutzen, wie das im klassischen Sponsoring der Fall ist.

Übung: Fremd- oder selbstgesteuert? – Eine Frage der richtigen Einstellung zum Thema Mäzene.

fremdgesteuert
„Mäzene findet man nicht so leicht."
„Wer hat schon Geld zu verschenken."
„Da fällt mir spontan niemand ein, den man in dieser Hinsicht ansprechen könnte."
„Mäzene gibt's nur für besondere Künstler oder Sportler."

selbstgesteuert
„Ich werde mit verschiedenen treuen Besuchern unserer Veranstaltungen einmal über dieses Thema sprechen."
„Ich frage mal verschiedene Mitglieder, ob sie besondere Anhänger haben oder ob sie Personen kennen, die als Mäzene in Frage kommen würden."

Notieren Sie jetzt, was Sie persönlich zu diesem Thema beitragen können:
➡
➡
➡
➡

4.3 Finanzmittel von privaten und öffentlichen Stiftungen

Eine weitere Möglichkeit, an zusätzliche Finanzmittel zu kommen, ist die Zuwendung durch private und öffentliche Stiftungen. Voraussetzung dafür ist meist die Gemeinnützigkeit. Es wird sicherlich schwer sein, finanzielle Zuwendungen für den Gesamtbetrieb des Vereins zu erhalten. Jedoch steigt die Wahrscheinlichkeit einer Förderung mit der Art der Verwendung der Mittel. Gibt es etwa eine Sparte im Verein, die sich ausschließlich mit Behinderten beschäftigt, dann könnten speziell für diese Sparte Mittel bei einer entsprechenden Stiftung angefragt werden. Die dann bewilligten Mittel sind steuerrechtlich als Spenden zu behandeln.
Erste Anlaufstellen für eine Recherche bei Stiftungen finden Sie im Anhang.

Übung: Fremd- oder selbstgesteuert? – Eine Frage der richtigen Einstellung zum Thema Stiftungen.

fremdgesteuert
„Wieso sollte uns eine Stiftung finanziell unterstützen?"
„Stiftungen haben ihre eigenen Projekte."
„An Stiftungen kommt man nur sehr schwer ran."
„Unterstützung von öffentlichen Stiftungen zu bekommen, hat bestimmt mit komplizierten Antragsformularen zu tun."

selbstgesteuert
„Ich mach mich schlau, welche Stiftungen für unseren Verein überhaupt relevant sind."
„Ich versuche herauszufinden, welche unserer Aufgaben für Stiftungen interessant sein könnten."
„Wir setzen uns zusammen, um im Vorstand über eventuell stiftungswürdige Personengruppen im Verein zu sprechen."

Notieren Sie jetzt, was Sie persönlich zu diesem Thema beitragen können:
➡
➡
➡
➡

4.4 Umlagen und Sonderbeiträge

Umlagen oder Sonderbeiträge können erhoben werden, wenn beispielsweise einzelne Abteilungen sehr kostenintensiv sind oder spezielle Bauvorhaben (z.B. neues Vereinsheim) getätigt werden sollen. Auch hier gilt dasselbe wie bei Aufnahmegebühren – sie müssen in der Satzung vorgesehen sein.

Sonderbeiträge und Umlagen werden im Hinblick auf die Beitragsobergrenzen, die unschädlich für die Gemeinnützigkeit sind, zu den Regelbeiträgen (normale Mitgliedsbeiträge) des jeweiligen Jahrs addiert. Die Obergrenze für die Gesamtsumme ist wie in Kapitel 2.2.1 beschrieben mit 1.023 Euro festgelegt.

Übung: Fremd- oder selbstgesteuert? – Eine Frage der richtigen Einstellung zum Thema Umlagen und Sonderbeiträge.

fremdgesteuert
„Wir können nicht zusätzliche finanzielle Opfer von unseren Mitgliedern verlangen, sonst treten die meisten aus und dann haben wir weniger Mittel zur Verfügung als zuvor."
„Von einem e.V. erwarten die Mitglieder, dass die Investitionen mit dem Mitgliedsbeitrag abgegolten sind."

selbstgesteuert
„Ich werde eine Sondersitzung für die kostenintensive Sparte einberufen und mit den Beteiligten konstruktiv diskutieren."
„Ich stelle eine transparente Investitionsrechnung auf, die ich den betroffenen Mitgliedern präsentieren kann."
„Ich bereite einen konkreten Vorschlag vor."

Notieren Sie jetzt, was Sie persönlich zu diesem Thema beitragen können:
➡
➡
➡
➡

4.5 Ablösesummen und Merchandising

> *Erfolgreiche Verkäufer verkaufen keine Ware,*
> *sondern die Idee und den Kundennutzen hinter der Ware.*
> *(Verkäuferweisheit)*

Ablösesummen

Ablösesummen spielen speziell bei Sportvereinen eine Rolle. Betreibt ein Sportverein einen Bereich mit Leistungssport, dann werden oft einzelne, besonders herausragende Sportler von anderen Vereinen umworben. In vielen Sportarten ist es heute Realität, dass so genannte Ablösezahlungen zum Beispiel als Ersatz der Ausbildungskosten bezahlt werden, wenn Sportler den Verein wechseln. Dadurch soll „unkontrolliertes" Abwandern von Sportlern zu beispielsweise höherklassigen Vereinen verhindert werden. So gesehen sind die Zahlungen für Ausbildungskosten praktisch eine Förderung der Jugendarbeit. Dabei sind allerdings gewisse Richtlinien zu beachten, die nicht mit den frei verhandelbaren Ablösesummen im professionellen Sportbereich zu verwechseln sind.

Dem Grundsatz nach können tatsächlich nachgewiesene Ausbildungskosten stets erstattet werden. Als erstattungsfähige Kosten kommen in Betracht:

- Fahrgeldzahlungen an das Mitglied
- Reisekosten (Verpflegungsmehraufwendungen, Übernachtungsgelder)
- Kosten für Training und Betreuung (ggf. anteilig)
- Aufwendungen für Sportkleidung, Sportgerät, Literatur usw.

> **!** Es ist jedoch zwingend erforderlich, dass der Sportler – von Anfang an – wusste, dass bei einem Vereinswechsel entweder von ihm oder vom übernehmenden Verein die Ausbildungskosten zu ersetzen sind. In der Regel sollte eine schriftliche Vereinbarung getroffen werden, die bei Minderjährigen vom gesetzlichen Vertreter zu unterzeichnen ist.

Da der Nachweis der tatsächlichen Kosten in der Praxis schwer geführt werden kann, lässt die Finanzverwaltung eine Pauschalregelung zu. Danach sind 2.557 Euro je Sportler und je Vereinswechsel pauschal erstattungsfähig.

Ablösezahlungen, die einem gemeinnützigen Sportverein für die Freigabe von Sportlern zufließen, sind ohne Auswirkung auf die Gemeinnützigkeit. Regelmäßig gehören diese Einnahmen zu den Erlösen aus sportlichen Veranstaltungen. Steuerliche Relevanz haben sie erst, wenn die Erlöse aus sportlichen Veranstaltungen die Grenze von 30.678 Euro übersteigen.
In einem solchen Fall werden die Einnahmen dem wirtschaftlichen Geschäftsbetrieb zugeordnet. soweit nicht für einen Zweckbetrieb optiert wurde. Wird eine so genannte Option durchgeführt, sind diejenigen Erträge aus sportlichen Veranstaltungen dem Zweckbetrieb zuzuordnen, an dem keine bezahlten Sportler teilnehmen. Eine Option bedeutet, dass man in diesem Fall (unbezahlte Sportler) die Erträge aus diesen Veranstaltungen dem Zweckbetrieb zuordnen darf und damit fällt keine Körperschafts- und Gewerbesteuer an.
Werden allerdings die sportlichen Veranstaltungen dem wirtschaftlichen Geschäftsbetrieb zugeordnet, weil diese Einnahmen die Grenze von 30.678 Euro überschreiten oder weil die Veranstaltungen mit bezahlten Sportlern durchgeführt werden, gehören die Ablösezahlungen zum wirtschaftlichen Geschäftsbetrieb, in diesen Fällen jedoch nur die Ablösezahlungen für bezahlte Sportler.
Es gibt auch die Möglichkeit für den wirtschaftlichen Geschäftsbetrieb zu optieren, wenn die Erträge 30.678 Euro unterschreiten. Dies macht dann Sinn, wenn man Verluste aus Veranstaltungen mit bezahlten Sportlern erwartet. Denn in einem solchen Fall könnten Verluste mit Erträgen verrechnet werden und wirken damit steuermindernd.

Ein bezahlter Sportler ist, wer innerhalb der letzten zwölf Monate vor seiner Freigabe vom Verein pauschal mehr als 358 Euro im Monat erhalten hat oder für Werbezwecke aufgrund seiner sportlichen Tätigkeit von Dritten Einnahmen erzielt.

Ablösesummen und Merchandising

✏️ **Übung:** Fremd- oder selbstgesteuert? – Eine Frage der richtigen Einstellung zum Thema Ablösesummen.

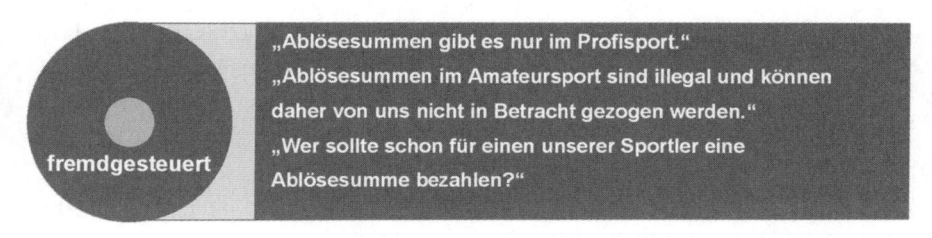

fremdgesteuert
„Ablösesummen gibt es nur im Profisport."
„Ablösesummen im Amateursport sind illegal und können daher von uns nicht in Betracht gezogen werden."
„Wer sollte schon für einen unserer Sportler eine Ablösesumme bezahlen?"

selbstgesteuert
„Ich werde mit allen potenziellen Vereinswechslern unserer Leistungssparte ein persönliches Gespräch führen und sie bei Bedarf unterstützen."
„Ich lege zusammen mit den verantwortlichen Trainern die Ablösesummen fest und werde sie persönlich verhandeln."

Notieren Sie jetzt, was Sie persönlich zu diesem Thema beitragen können:
➡
➡
➡
➡

Merchandising

Laut *Gabler Wirtschaftslexikon* ist Merchandising eine Maßnahme der Verkaufsförderung, bei der Verkaufspersonal gestellt bzw. das Personal des Einzelhändlers entsprechend geschult wird. Um dabei einen Namen oder eine Marke bekannt zu machen, werden verschiedene Produkte mit diesem im Corporate Design versehen und kostenfrei verteilt oder verkauft. Bei Großvereinen wie z.B. dem FC Bayern München ist das Merchandising zu einer äußerst lukrativen Einnahmequelle geworden. Da der FC Bayern bundesweit und auch international eine große Fangemeinde hat, kann er seine Merchandise-Produkte auch gut absetzen.

Ein herkömmlicher Verein hat meist nicht die Möglichkeit, auf ein so großes Potenzial an Fans zuzugreifen, die Produkte mit dem Vereinslogo kaufen. Aber auch hier ist Merchandising möglich. Wenn das Vereinslogo selbst nicht genügend Kaufreize bietet, dann sollte zum Beispiel über optische Sympathieträger nachgedacht werden. Comicfiguren, die die Jugendarbeit symbolisieren, lassen sich zum Beispiel auf Tassen, T-Shirts, Pullover und Ähnliches drucken. Es gibt im Vereinsjahr ausreichend Ereignisse und Möglichkeiten, um diese Produkte dann anzubieten.

Bei den Einnahmen aus Merchandising ist so zu verfahren, wie das auch beim Verkauf von Speisen und Getränken der Fall ist. Einnahmen aus Merchandising-Aktivitäten sind dem wirtschaftlichen Geschäftsbetrieb zuzuordnen und unterliegen somit der Körperschafts- und Gewerbesteuer, soweit die gesamten Einnahmen im wirtschaftlichen Geschäftsbetrieb die Grenze von 30.678 Euro (einschließlich Umsatzsteuer) überschreiten. Unabhängig von der Besteuerungsfreigrenze unterliegt die Verkaufstätigkeit des Sportvereins der Umsatzsteuer. Sie entsteht nur ausnahmsweise nicht, wenn der Verein als Kleinunternehmer von der Umsatzsteuer befreit ist (§ 19 UStG). Das bedeutet, dass der Verein mit seinen unternehmerischen Umsätzen im Vorjahr den Betrag von 17.500 Euro nicht überschritten haben darf.

Ablösesummen und Merchandising 61

Übung: Fremd- oder selbstgesteuert? – Eine Frage der richtigen Einstellung zum Thema Merchandising.

fremdgesteuert
- „Merchandising ist nur was für bekannte Großvereine."
- „Was könnten wir mit unserem Verein schon für Artikel anbieten, die für andere interessant wären?"
- „Das ist ein professionelles Geschäft und nichts für ehrenamtlich Tätige."

selbstgesteuert
- „Ich veranlasse eine Umfrage unter den Mitgliedern, die prüft, welche Produkte auf Interesse stoßen."
- „Ich lasse bei Werbeartikelherstellern Probeartikel mit unserem Vereinsemblem möglichst kostenlos produzieren."
- „Ich gehe in einen Fanshop und schaue mir die Artikel an."

Notieren Sie jetzt, was Sie persönlich zu diesem Thema beitragen können:
➡
➡
➡
➡

4.6 Basare, Lotterien und Tombolas

Jeder ist seines Glückes Schmied.
(Appius Claudius, röm. Konsul 307 v. Chr.)

Basare

Führt ein Verein selbst einen Basar durch oder beteiligt er sich an einem Basar, gehört diese Verkaufstätigkeit zum wirtschaftlichen Geschäftsbetrieb des Vereins, selbst wenn der Basar zugunsten eines gemeinnützigen Zwecks durchgeführt wird. Auch wenn der Verein den Basar nur organisiert und z.b. dabei Standgebühren erhebt oder prozentual an den Verlaufserlösen beteiligt ist, liegt ein wirtschaftlicher Verkaufsbetrieb vor. Fiskalisch ist genauso zu verfahren wie gerade zum Thema Merchandising beschrieben.

Da die Basare zu den wirtschaftlichen Geschäftsbetrieben gehören, können an den Verein keine steuerbegünstigten Sachspenden erbracht werden, wenn der Verein die gespendeten Sachen bei einem Basar verkaufen will. Spenden zugunsten eines wirtschaftlichen Geschäftsbetriebs sind nicht zulässig, selbst wenn die Erträge daraus einem gemeinnützigen Zweck zugeführt werden. In solchen Fällen ist es von Vorteil, wenn die spendenwilligen Personen ihre jeweiligen Sachspenden selbst unter eigenem Namen verkaufen, um dann die Gewinne daraus dem Verein in Form einer normalen Geldspende zu spenden.

Unter gewerberechtlicher Sicht sind Basare höchst problematisch, da die Vereine dabei gewerberechtlich gesehen in Konkurrenz zu Unternehmen treten. Das heißt, dass solche Basare gerichtlich untersagt werden können. Es empfiehlt sich der vorherige Kontakt zu den Unternehmen, die die jeweiligen Produkte kommerziell anbieten, um deren Einverständnis zum Basar zu einzuholen. Ein Sportverein sollte z.B. im Vorfeld eines geplanten Ski-Basars die Kommunikation zu gewerblichen Ski-Ausrüstern aufnehmen.

Übung: Fremd- oder selbstgesteuert? – Eine Frage der richtigen Einstellung zum Thema Basare.

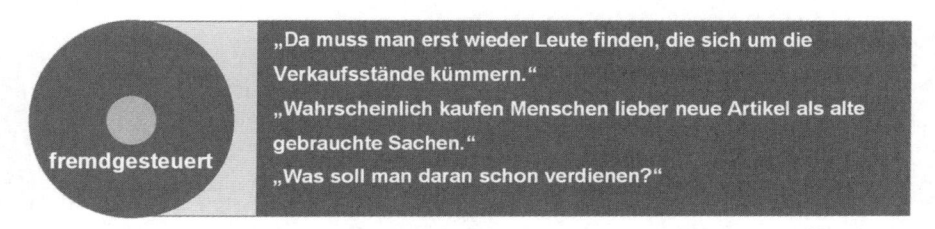

fremdgesteuert
„Da muss man erst wieder Leute finden, die sich um die Verkaufsstände kümmern."
„Wahrscheinlich kaufen Menschen lieber neue Artikel als alte gebrauchte Sachen."
„Was soll man daran schon verdienen?"

selbstgesteuert
„Wir machen einen Aufruf an alle Mitglieder, uns nicht mehr gebrauchte Sportartikel zu schenken, die wir dann für den Verein verkaufen, um neue Ausrüstung zu beschaffen."
„Ich versuche richtige Verkaufsstände von örtlichen Händlern gratis zu leihen."

Notieren Sie jetzt, was Sie persönlich zu diesem Thema beitragen können:
➡
➡
➡
➡

Lotterien und Tombolas

Öffentliche Lotterien und Tombolas, die vom Verein selbst veranstaltet werden, müssen offiziell von den zuständigen Behörden (erster Kontakt über Gewerbeamt bzw. Ordnungsamt der Städte und Gemeinden) genehmigt werden. Sie dürfen nur zweimal pro Jahr für einen begrenzten Zeitraum durchgeführt werden. Sie dürfen zu ausschließlich gemeinnützigen, kirchlichen und mildtätigen Zwecken veranstaltet werden.
Im Bereich der Lotterie gilt es zu beachten, dass Lotteriesteuer anfällt (20 Prozent des Nennwertes der Lose, § 17 RennLottG). Bei Sportvereinen ist die weit verbreitete Tombola steuerfrei (§ 18 RennLottG), wenn

- der Gesamtpreis der Lose 614 Euro nicht übersteigt und keine Bargewinne ausgeschüttet werden oder
- eine Ausspielung, die von der zuständigen Behörde genehmigt ist, ausschließlich gemeinnützigen, kirchlichen oder mildtätigen Zwecken dient und der Gesamtpreis der Lose 38.347 Euro nicht übersteigt.

Nicht lotteriesteuerpflichtig sind jedoch Tombolas bei nichtöffentlichen Veranstaltungen, weil nur öffentliche Veranstaltungen von der Lotteriesteuer erfasst werden (§ 17 S. 1 RennLottG).

Von den Behörden genehmigte Lotterieveranstaltungen sind steuerrechtlich dem Zweckbetrieb zuzuordnen. Ist keine Erlaubnis erteilt, so sind die Erträge aus Lotterieveranstaltungen dem wirtschaftlichen Geschäftsbetrieb zuzuweisen.

Übung: Fremd- oder selbstgesteuert? – Eine Frage der richtigen Einstellung zum Thema Lotterien und Tombolas.

fremdgesteuert
„Tombolas macht doch jeder Verein."
„Die Leute sind schon übersättigt mit Lotterien und Tombolas."
„Die Frage ist, woher man da die Preise wieder bekommt."
„Stellt man den personellen Aufwand dem direkten Ertrag gegenüber, dann kommt da nicht viel dabei raus."

selbstgesteuert
„Ich werde Vertreter der örtlichen Gewerbe kontaktieren, um herauszufinden, mit welchen Preisen wir rechnen können."
„Wir machen eine Kreativsitzung und überlegen, was man für außergewöhnliche Preise bieten könnte, die günstig sind, aber sonst selten zu gewinnen sind."

Notieren Sie jetzt, was Sie persönlich zu diesem Thema beitragen können:
➡
➡
➡
➡

4.7 Altmaterialsammlungen

Altmaterialsammlungen wie Altpapier- oder Altkleidersammlungen, die häufig von Vereinen durchgeführt werden, haben nicht nur eine finanzielle Komponente, sondern fördern auch das Image. Einerseits wird der Bevölkerung ein besonderer Service zuteil, indem die Altprodukte abgeholt werden, und andererseits zeigen die Mitglieder des Vereins, dass sie umweltbewusst aktiv sind, da es sich grundsätzlich um recycelfähige Materialen handelt, die gesammelt werden.

Das Kernziel ist ohne Zweifel, Einnahmen für die satzungsgemäße Arbeit zu erzielen. Die Einnahmen sind nach der Auffassung des BFH dem wirtschaftlichen Geschäftsbetrieb zuzuordnen (BFH-Urteil v. 26.2. 1992, I R 149/90, BStBl 1992 S. 693). Entscheidende Bedeutung für die Besteuerung hat jedoch die Frage, welche Aufwendungen für die Aktion als Betriebsausgaben angesetzt werden können. In Betracht kommen hier nur die unmittelbar mit der Sammlung zusammenhängenden Kosten wie z.b.:

- gezahlte Löhne
- Verpflegungsmehraufwand/Reisekosten
- Fahrzeug-/Transportkosten
- Gebühren (z.b. Stellplatzgebühren für Container)

Die vorstehende Problematik ist seit 1990 durch den neu eingefügten § 64 Abs. 5 AO entschärft worden. Nach dieser Vorschrift können statt der tatsächlichen Aufwendungen für die Sammlung fiktive Betriebsausgaben abgesetzt werden, indem die Gewinne in branchenüblicher Höhe geschätzt werden. Aufgrund dessen können Vereine entweder den tatsächlichen Überschuss ermitteln oder die Überschüsse aus der Verwertung von gespendetem oder gesammeltem Altmaterial in der Höhe des branchenüblichen Gewinnes schätzen. Die Finanzverwaltung (AEAO, § 64 AO Nr. 22) lässt eine Schätzung des Reingewinns mit einem festen Prozentsatz zu. Der Reingewinn beträgt:

- 5 Prozent bei der Verwertung von Altpapier
- 20 Prozent bei der Verwertung von übrigem Altmaterial

Der vorstehende Prozentsatz ist auf die Nettoeinnahmen der Sammlung anzuwenden, das heißt auf die Erlöse ohne Umsatzsteuer. Die Vorschrift gilt nicht für so genannte Containersammlungen. Von einer Containersammlung wird dann gesprochen, wenn einem Altmaterialhändler Stellplätze zur Verfügung gestellt werden, für die dieser dem Verein ein entsprechendes Entgelt zahlt. In diesem Fall findet § 64 Abs. 5 AO keine Anwendung, weil wirtschaftlich keine Altmaterialverwertung durch den Verein vorliegt.

Übung: Fremd- oder selbstgesteuert? – Eine Frage der richtigen Einstellung zum Thema Altmaterialsammlungen.

fremdgesteuert
„Die meisten Menschen bringen ihren getrennten Abfall sowieso selbstständig in den Recyclinghof."
„Wer will schon den ganzen Samstag lang Müll sammeln."
„Es wird schwer, Mitglieder zu finden, die sich dieser Aufgabe annehmen."

selbstgesteuert
„Zunächst überlegen wir einmal, wo wir die Bevölkerung in punkto Abfallentsorgung unterstützen könnten."
„Ich informiere mich, welche in unserer Umgebung vorhandenen Altmaterialien am lukrativsten bezahlt werden."
„Wir suchen ein sympathisches Motto wie ‚e.V. räumt auf!' "

Notieren Sie jetzt, was Sie persönlich zu diesem Thema beitragen können:
➡
➡
➡
➡

4.8 Vereinszeitschrift und Vereinsgaststätte

Vereinszeitschrift

Die Vereinszeitschrift ist ein schlagkräftiges und publikumswirksames Instrument der Presse- und Öffentlichkeitsarbeit und verkörpert Identifikationsmöglichkeiten für den Verein nach außen und intern für die Mitglieder. Es sollte eigentlich keinen Verein geben, der diese Vorteile nicht wenigstens durch einfache, aber regelmäßige Vereinsmitteilungen nutzt und sich so seine unverwechselbare Identität gibt.

Eine Vereinszeitschrift stellt eine Kommunikationsplattform für Sponsoren und Förderer dar. Mit einer Vereinszeitschrift hat der Verein die Chance, aufgrund der Auflage und eines bestimmten Verteilers, z.b. für potenzielle Sponsoren, sofort nachweisbare kommunikative Nutzen anzubieten. Je höher die verteilte Auflage der Vereinszeitschrift, desto größer wird der Nutzen für Inserenten und desto höher können sich die Einnahmen gestalten. Eine Erhöhung der Auflage wird in der Regel aber nur möglich sein, wenn die Aufmachung attraktiv und der Inhalt für die Leser interessant ist. Hierbei wird häufig etwas nachlässig verfahren und damit auch die Chance erschwert, zusätzliche Leser zu gewinnen.

Es gibt grundsätzlich drei Möglichkeiten der Abgabe der Vereinszeitschrift. Der Verein kann die Vereinszeitschrift unentgeltlich an seine Mitglieder verteilen, das heißt, der Kostenbeitrag für die Zeitschrift ist im Mitgliedsbeitrag enthalten. Eine unentgeltliche Abgabe liegt allerdings nicht vor, wenn sich der Mitgliedsbeitrag erkennbar aus einem Mitgliedsbeitrag und einem Bezugsgeld für die Vereinszeitschrift zusammensetzt.
Der Verein kann für die Zeitschrift auch ein Sonderentgelt verlangen oder sie entgeltlich an Vereinsmitglieder und Dritte vertreiben. Diese drei Möglichkeiten werden steuerrechtlich unterschiedlich behandelt. Die folgende Grafik zeigt im Überblick die drei Arten der Distribution.

4 Woher es sonst noch Geld gibt

```
                    Die Abgabe der Zeitschrift erfolgt:
```

unentgeltlich an Vereinsmitglieder	entgeltlich nur an Vereinsmitglieder	entgeltlich an Vereinsmitglieder und Dritte
Vorgang des ideellen Bereichs	Vorgang des Zweckbetriebs	Vorgang des wirtschaftlichen Geschäftsbetriebs
keine Umsatzsteuer; keine Vorsteuer	Das Entgelt unterliegt dem ermäßigten Steuersatz bei der USt; Vorsteuerabzug.	Das Entgelt unterliegt dem Regelsteuersatz bei der USt; Vorsteuerabzug.

Abb. 7: Möglichkeiten der Abgabe der Vereinszeitschrift

Die Grafik zeigt, dass die Art der Abgabe entscheidenden Einfluss auf die fiskalische Zuordnung hat. Die Erlöse einer Vereinszeitschrift setzen sich grundsätzlich aus dem eventuellen Entgelt für die Zeitschrift und in der Hauptsache aus Erträgen aus dem Anzeigenverkauf zusammen. Auch hier gibt es unterschiedliche Möglichkeiten der Vorgehensweise.

Der Verein kann das Anzeigengeschäft in Eigenregie betreiben, was erfahrungsgemäß die lukrativste Möglichkeit ist. Dann stellen die daraus erzielten Erlöse Einnahmen des wirtschaftlichen Geschäftsbetriebs dar und die Umsatzsteuer wird mit dem Regelsteuersatz erhoben.

Der Verein kann aber auch das Anzeigengeschäft an eine professionelle Agentur oder einen Verlag vergeben und bekommt dafür einen Pauschalbetrag für die Überlassung der Vermarktungsrechte oder eine prozentuale Beteiligung an den verkauften Anzeigen. Vorteil ist dabei: Diese Erlöse werden als Einnahmen der Vermögensverwaltung gewertet, sind gewerbe- und körperschaftssteuerfrei und unterliegen umsatzsteuerrechtlich dem ermäßigten Steuersatz beim Verkauf graphischer Erzeugnisse.

Bei der Entscheidung, welche Möglichkeit die beste Lösung für den Verein darstellt, sollte auch in Betracht gezogen werden, ob die Kosten für die Erstellung und den Verkauf der Vereinszeitschrift (Druckkosten, Papier, Vertrieb etc.) in irgendeiner Form geltend gemacht werden können. Als Betriebskosten können sie beispielsweise angegeben werden, wenn die Erlöse dem wirtschaftlichen Geschäftsbetrieb zuzuordnen sind. Bei der Zuordnung zum ideellen Bereich (unentgeltliche Abgabe an Mitglieder) ist dies nicht möglich und es kann in diesem Fall auch kein Vorsteuerabzug ausgewiesen werden.

In jedem Fall ist die Vereinszeitschrift nicht nur eine Einnahmequelle. Sie ist vielmehr ein bedeutendes Werkzeug für einen Verein zur internen wie externen Kommunikation.

Übung: Fremd- oder selbstgesteuert? – Eine Frage der richtigen Einstellung zum Thema Vereinszeitschrift.

fremdgesteuert
„Es gibt unzählige Zeitschriften und Broschüren, da würde unsere Vereinszeitschrift völlig untergehen."
„So eine Zeitschrift zu erstellen ist viel Arbeit. Da steht der Aufwand in keinem Verhältnis zum Nutzen."
„Das interessiert die Leute nicht."

selbstgesteuert
„Ich versuche herauszufinden, wer von unseren Mitgliedern im Bereich Grafik und Zeitschriftengestaltung fit ist."
„Ich setze mich mit den örtlichen Druckereien in Verbindung, um die günstigste Lösung zu finden."
„Ich werde ein paar potenzielle Inserenten kontaktieren."

Notieren Sie jetzt, was Sie persönlich zu diesem Thema beitragen können:
➡
➡
➡
➡

4 Woher es sonst noch Geld gibt

Vereinsgaststätte

Diese Möglichkeit trifft in erster Linie auf Sportvereine zu, jedoch gibt es durchaus auch Kulturvereine, die eine eigene Vereinsgaststätte betreiben. Eine Vereinsgaststätte fördert in den Augen vieler Mitglieder das Vereinsleben. Wer als Verein etwas auf sich hält, dem wird grundsätzlich daran liegen, eine vereinseigene Stätte zu schaffen, die als Treff- und Mittelpunkt des Vereinslebens dient. Kann man darüber hinaus durch den Betrieb einer eigenen Vereinsgaststätte zusätzlich auch noch Mittel für den Verein erwirtschaften, dann scheint diese Lösung ideal.

Der Gesetzgeber hat dieses Bedürfnis auch grundsätzlich vorgesehen, eine Erlaubnis zum Betreiben einer Gaststätte kann auch ein eingetragener Verein erhalten.

Allerdings gilt es dabei einige Hürden zu überwinden, die den Betrieb einer Vereinsgaststätte auf juristisch einwandfreie Füße stellt. Zunächst ist die Erteilung einer Konzession, das heißt einer Erlaubnis ein Gewerbe zu betreiben, nötig. Ansprechpartner dafür ist Ihr Gewerbeamt der Stadt bzw. Gemeinde. Eine solche Konzession ist an einige Auflagen gebunden, die nicht unbedingt automatisch gegeben sind. Ist einmal diese Hürde überwunden, dann spielen Faktoren wie Abgaben an die zuständige Berufsgenossenschaft, Abgaben an die GEMA, Einhalten der Polizeistunde, Kontrollen durch das Gesundheitsamt usw. eine wichtige Rolle, um die Konzession zu behalten.

Der Aufwand zum Betrieb einer Vereinsgaststätte ist damit verhältnismäßig hoch. Das Verhältnis von Aufwand und Investitionen zum Ertrag sollten Sie deshalb genau abwägen, wenn Sie dieses Projekt in Angriff nehmen.

Steuerrechtlich ist der Betrieb einer Vereinsgaststätte dem wirtschaftlichen Geschäftsbetrieb zuzuordnen. Wird die Vereinsgaststätte an einen Dritten vermietet, dann sind die Erlöse aus diesem Mietverhältnis der steuerfreien Vermögensverwaltung zuzuschreiben. Eine Ausnahme besteht, wenn der Verein die Gaststätte vorher selbst betrieben hat und sie anschließend verpachtet, ohne die stillen Reserven aufzudecken, dann werden die Erlöse dem wirtschaftlichen Geschäftsbetrieb zugeordnet.

Übung: Fremd- oder selbstgesteuert? – Eine Frage der richtigen Einstellung zum Thema Vereinsgaststätte.

fremdgesteuert
„Eine Vereinsgaststätte kann bestimmt nicht von unseren wenigen Mitgliedern leben."
„Da muss man so viele Dinge beachten, Gesundheits- und Ordnungsamt, Sperrstunden usw. Das ist zu kompliziert."
„Jetzt kommen wir ja auch ohne eigene Gaststätte aus."

selbstgesteuert
„Ich versuche mich umzuhören, wer evtl. Interesse am Führen oder Pachten einer Vereinsgaststätte hätte."
„Wir stellen eine Investitions- und Kostenübersicht auf und berechnen, ab wann sich das Betreiben lohnt."
„Ich kontaktiere Vereine, die eine Gaststätte betreiben."

Notieren Sie jetzt, was Sie persönlich zu diesem Thema beitragen können:
➡
➡
➡
➡

4.9 Finanzmittel aus Bußgeldern

Bußgelder, die beispielsweise bei verkehrsrechtlichen Verfahren vor Gericht verhängt werden, können an gemeinnützige Einrichtungen vergeben werden. Notwendig dafür ist zumindest die Eintragung beim zuständigen Amtsgericht, aber auch an jedem anderen deutschen Gericht, in die Liste der Bußgeldempfänger. Erfahrungsgemäß ist aber eine Eintragung bei einem Gericht mit regionalem Bezug zum Verein sinnvoll.

Der Richter entscheidet bei einer Urteilssprechung allein darüber, welche Organisationen das jeweils verhängte Bußgeld empfangen dürfen. Entscheidend ist dabei, wie sozial sinnvoll und unterstützungsbedürftig der Richter den Satzungszweck und die Arbeitsweise des gemeinnützigen Vereins empfindet. Binden Sie deshalb das Amtsgericht und die Richter aktiv in die Kommunikationspolitik Ihres Vereins ein. Informieren Sie die zuständigen Richter regelmäßig über besondere soziale Leistungen des Vereins und seine Arbeit. Das erhöht die Wahrscheinlichkeit der möglichen Zuwendung.

Übung: Fremd- oder selbstgesteuert? – Eine Frage der richtigen Einstellung zum Thema Bußgelder.

fremdgesteuert
„Ich kann mir nicht vorstellen, dass sich ein Gericht für unseren Verein entscheidet."
„Geld geht doch sowieso nur an soziale Einrichtungen."
„Das habe ich noch nie gehört, dass ein Verein auf diese Art und Weise zu Geld kommt."

selbstgesteuert
„Ich entwerfe ein Profil unseres Vereins, das unsere Philosophie und vor allem, den sozialen und pädagogischen Nutzen unseres Vereins für die Allgemeinheit klar herausstellt."
„Ich mache mir eine Liste aller Amts- und Landgerichte in der Umgebung von 100 km und schreibe sie an."

Notieren Sie jetzt, was Sie persönlich zu diesem Thema beitragen können:
➡
➡
➡
➡

5 Sponsoring – wenn, dann richtig

Eine wesentliche und relativ junge Einnahmechance – das Sponsoring – wurde bisher nicht genannt. Entsprechend der wachsenden Bedeutung im Rahmen der Vereinsfinanzierung und den vielen Stolpersteinen in der Praxis möchte ich diese Finanzquelle in einem extra Kapitel vorstellen.

5.1 Was heißt Sponsoring? Das Grundwissen

Sponsoring hat sich in den frühen 70er Jahren in Deutschland entwickelt. Die Urform des klassischen Sponsorings war im Bereich des Sports vertreten. Zur damaligen Zeit sprach man öffentlich eher negativ von „Schleichwerbung", da bei der Übertragung von Sportveranstaltungen im Fernsehen immer mehr Firmen- und Markennamen erkennbar wurden. War es auf Banden oder bald auch auf Sportkleidung, die Unternehmen „schlichen" sich nach der Meinung mancher Medienwächter und Kritiker in das Erlebnisfeld Sport ein. 1970 trat der Unternehmer Günther Mast bei der Fußballweltmeisterschaft für seine Marke „Jägermeister" als Bandenwerber auf. Die Premiere für Bandenwerbungen fand 1966 bei der Ruderweltmeisterschaft im damaligen Jugoslawien statt – interessanterweise in einem sozialistischen Land.

Inzwischen hat sich Sponsoring in mehreren Bereichen etabliert. Es gibt Sport-, Kultur-, Umwelt-, Sozial-, Wissenschafts- und Internetsponsoring, um die wichtigsten Formen zu nennen.

Der Begriff „Sponsoring" wird im allgemeinen Sprachgebrauch sehr mehrdeutig eingesetzt. Häufig werden damit Handlungen bezeichnet, die eher dem Mäzenatentum oder dem Fördern entsprechen: Auf manchen Autos junger Menschen ist die Aufschrift: „sponsored by Oma" zu lesen. Diese Aussage ist fachlich nur dann korrekt, wenn die gebende Großmutter eine definierte Gegenleistung wie z.B. wöchentliches Rasenmähen (bestenfalls vertraglich) mit der Zuwendung verbunden hat. In den meisten Fällen wird die Leistung aber eher dem Mäzenatentum zuzuordnen sein.

Wie schon in Kapitel 4.2 beschrieben, erwartet ein Mäzen keine definierte Gegenleistung für sein Engagement. Förderer haben meist steuerliche Vorteile. Nur das Sponsoring hat dagegen einen klar definierten und vertraglich festgeschriebenen Nutzen und Gegennutzen. Eine wichtige Definition des Begriffs Sponsoring ist die von Hermanns:

„Sponsoring ist dadurch gekennzeichnet, dass Vertreter des Bereiches Wirtschaft mit Vertretern anderer gesellschaftlicher Bereiche zu dem finalen Zweck zusammenarbeiten, ihre jeweiligen Zielsetzungen effektiver zu erreichen. In diesem Sinne handelt es sich bei Sponsoring um ein Geschäft auf Gegenseitigkeit zwischen zwei Partnern, dem Sponsor und dem Gesponserten, bei dem Leistung und Gegenleistung klar definiert werden. Der Sponsor unterstützt den Gesponserten mit Geld, Sachzuwendungen oder Dienstleistungen, in der Absicht, damit bestimmte kommunikative Ziele zu erreichen. Der Gesponserte verpflichtet sich im Gegenzug bestimmte Voraussetzungen zu schaffen, damit die Ziele des Sponsors erreicht werden können, seinerseits in der Absicht, durch die Unterstützung des Sponsors bestimmte Ziele, z.B. Durchführung einer Breitensportmaßnahme zu erreichen."

Speziell Sportsponsoring wird oftmals synonym mit Begriffen wie „Sportwerbung" oder „Sportmarketing" gebraucht. Aber auch hier gibt es klar definierbare Unterschiede. Unter Sportsponsoring versteht man nach Roth die Bereitstellung von Geld, Sachmitteln, Know-how und organisatorischen Leistungen für Sportler, Sportvereine, Sportveranstaltungen mit dem Ziel, eine wirtschaftlich relevante Gegenleistung zu erhalten. Sportsponsoring beruht – gemäß der allgemeinen Sponsoringdefinition – auf Leistung und Gegenleistung, wobei die Gegenleistung durch den Gesponserten meistens kommunikativen Wert hat.

Sportwerbung bezeichnet nach Barbin eine isolierte Werbemaßnahme im Sport im Sinne der klassischen Werbung, also z.B. die Bandenwerbung im Stadion oder die Insertion in Veranstaltungsbroschüren. Die Sportwerbung ist also nur ein Teilbereich des Sportsponsorings. Die Sportwerbung kann als ein zu leistender Teil der kommunikativen Maßnahmen in der klassischen Werbung eines Sponsoren im Sponsorvertrag festgeschrieben sein. Die klassische Werbung umfasst die Bereiche „FFF: Fernsehen, Film, Funk und den kompletten Printbereich, also alles was werblich gedruckt wird".

Sportmarketing bezeichnet nach Barbin die Anwendung wirtschaftswissenschaftlicher Verfahren aus dem Marketing durch die verschiedenen Vertreter des Sports. Nach Freyer gehören dazu kommerziell orientierte und hauptberuflich betriebene Sportorganisationen, Sportartikelhersteller, Fitnesscenter, Vereine mit Profi-Abteilungen (Mischformen) und schließlich das Gros der Sportvertreter, die gemeinschaftlich organisierten und ehrenamtlich betriebenen Sportinstitutionen.

Sportsponsoring bewegt sich nach wie vor im Aufwärtstrend. Dies belegt eine Einschätzung der Marktforscher von TNS Emnid im Auftrag der Sportrechte-Agentur ispr befragten Werbetreibenden und Agenturen, die besagt, dass das im Jahre 2000 investierte Sportsponsoringvolumen in Deutschland bei zirka 1,6 Mrd. Euro lag und bis Ende 2002 das Volumen auf zirka 2,8 Mrd. Euro anstieg (umgerechnete DM-Werte der Originalstudie). Ein Großteil dieser Mittel wird in erster Linie von Großunternehmen im publikumsträchtigen Profisport investiert. Beispielsweise engagierten sich im Jahre 2000 35 deutsche Großunternehmen in der Formel 1. Mit dabei auf dem „teuersten Kreisverkehr der Welt" sind namhafte Konzerne wie BMW Daimler Chrysler, Reemtsma oder die Deutsche Post (Focus 10/2000).

Angesichts solcher überdimensionalen Summen und großer Unternehmen denkt so mancher Sportvereinsvorsitzende, dass diese Finanzquelle für einen herkömmlichen Sportverein keine adäquate Möglichkeit darstellt, an Mittel zu kommen. Auf der anderen Seite gibt es wiederum Funktionäre, die denken, dass die Grundsätze und Maßnahmen des Sponsorings im TV-orientierten Profisport direkt auf den lokalen Breiten- und Leistungssport im örtlichen Sportverein anzuwenden ist. Beide Meinungen sind korrekturbedürftig.

Zunächst muss die Frage geklärt werden, warum große, ohne Zweifel profitorientierte Unternehmen, solch immensen Summen in das Sponsoring stecken. Ist die Gegenleistung der Gesponserten Millionen Euro wert? Die Antwort liegt in der Wirkung, die Sponsoring erzielen kann. Sponsoring ist eine so genannte „below-the-line-Maßnahme", die auf die Gefühlswelt des Konsumenten abzielt. Der Begriff „below-the-line" entstammt dem angloamerikanischen Wortschatz und steht als Sammelbegriff für alle nicht klassischen Kommunikationsinstrumente. Die Wirkung auf die Gefühlswelt des jeweiligen Adressaten erfolgt im Sponsoring, indem sich der Sponsor einer ansprechenden Erlebniswelt bedient. Das Produkt, der Marken- oder Firmenname wird nicht direkt beworben, sondern in einem vorhandenen Kommunikationsfeld platziert. Der Athlet, das Team, eine Kulturveranstaltung bietet die Kommunikationsplattform auf der Markenbotschaften positioniert werden.

Sponsoring kann grundsätzlich folgende kommunikative Ziele für ein Unternehmen oder eine Marke erreichen:

- den Bekanntheitsgrad steigern oder stabilisieren
- das Image eines Produktes und/oder Unternehmens stabilisieren oder verändern
- konkrete Imagefaktoren entwickeln, wenn eine weitgehende Übereinstimmung des gesponserten Bereichs mit dem angestrebten Produkt- oder Unternehmensimage besteht
- mit geladenen Gästen im Rahmen von Sportveranstaltungen Kontakte pflegen
- Goodwill (Wohlwollen) erzeugen
- Verkaufszahlen von speziellen Produkten oder Kollektionen durch den Einsatz von Spitzensportlern oder Mannschaften im Sportartikelbereich erhöhen

- Entwicklungen aus dem Hochleistungssport für die Serienfertigung (z.B. Motorsport) übernehmen
- Produkte im Einsatz demonstrieren (Sportartikelunternehmen)

Betrachtet man diese Aufzählung, dann relativieren sich die hohen Investitionssummen der Unternehmen. Sponsoring dient bei Großunternehmen in erster Linie dazu eine möglichst hohe Medienpräsenz zu erzielen. Die Investitionen werden mit dem so genannten Tausender-Kontakt-Preis (TKP) gemessen. Der TKP gibt an, wie viel Euro es kostet, 1.000 Menschen mit der jeweiligen Kommunikationsmaßnahme zu erreichen. Dieses Instrument ist aus dem Anzeigengeschäft in Print- und Onlinemedien bekannt. Bei der Kosten-Nutzen-Berechnung von den Medienanstalten werden die Reichweite sowie die Kontakthäufigkeit gemessen, das heißt wie oft und wie lange war eine Werbebotschaft zum Beispiel auf dem Bildschirm zu sehen. Natürlich gibt diese Methode keine Auskunft über die Qualität des Kontaktes, trotzdem ist sie eine beliebte Messgröße.

Das Beispiel einer spanischen Bank zeigt die Wirkung von Sponsoring: Die Banesto-Bank war bei der Tour de France 1995 Sponsor des Teams um den Gewinner Miguel Indurain (Spanien). Während der Tour erhöhten sich die Spareinlagen um umgerechnet fast eine halbe Milliarde Euro. Die persönliche Begeisterung für den Athleten hatte in diesem Fall sofort ein wirtschaftliches Handeln auf Seiten der Konsumenten zur Folge.

Für den örtlichen Sportverein ist dies verständlicherweise in der Regel keine praktikable Methode, da die Zuschauerzahlen in weitaus niedrigeren Bereichen liegen und damit die Argumentation anhand eines TKP auch sehr schwierig wird. Betrachtet man unter diesem Aspekt beispielsweise das Thema „Bandenwerbung" bei lokalen Fußballvereinen, dann würde eine Berechnung der kommunikativen Kontakte bei manchen Geldgebern schnell zu einer Beendigung des Engagements führen. Aufgrund der vergleichsweise niedrigen Zuschauerzahlen ist der einzelne werbliche Kontakt schnell sehr teuer. Die Steigerung des Bekanntheitsgrades ist bei vielen Unternehmen ohnehin nicht das wichtigste Ziel, da die regionale Bekanntheit oftmals schon gegeben ist.

Sehr viel praktikabler erscheint da die Möglichkeit, anstelle mit einer hohen Anzahl an Kontakten mit dem Argument „gute Kontaktpflege mit Kunden" bei den Sponsoren zu punkten. Bei der so genannten Hospitality nutzt der Sponsor Vereinsveranstaltungen, um seine Kundenbetreuung und -kommunikation zu pflegen. Hier bieten sich genug Gelegenheiten, um mit Kunden oder Unternehmenspartnern über Themen zu sprechen, die nicht unbedingt mit dem Geschäft direkt zu tun haben, aber trotzdem helfen, die Kundenbeziehung zu intensivieren.

Ein weiteres Sponsoringziel, das für lokale Sponsoren sehr interessant sein kann, ist die Möglichkeit eines Imagetransfers vom Gesponserten auf den Sponsor. Ist ein Sportverein beispielsweise regional für seine äußerst pädagogische Jugendförderung bekannt, dann kann ein Sponsor von diesem positiven Image profitieren. Dies setzt allerdings voraus, dass das Sponsorship (Sponsoring-Engagement) langfristig ausgelegt ist (mindestens 3–5 Jahre) und dass es kommunikativ vom Sponsor intensiv genutzt wird. Besonders wirksam wird ein Sponsoring-Engagement, wenn ein Sponsor hervorgehoben wird (z.b. als Hauptsponsor agiert) oder als alleiniger Sponsor auftritt. Dies wird dann kommunikativ besonders unterstrichen, wenn der Sportverein nach dem Sponsor benannt wird. Der kommunikative Nutzen liegt für den Sponsor darin, dass immer, wenn der Verein in irgendeinem Zusammenhang genannt wird, automatisch der Name der Marke oder des Unternehmens erscheint. Dies setzt einerseits die Akzeptanz bei den Mitgliedern voraus, da sie sich mit dem Vereinsnamen identifizieren können müssen und setzt andererseits vom Sponsor ein sehr langfristiges Sponsoring-Engagement voraus, da der Vereinsname eine relativ stabile Größe sein soll.

In der Vereinsstudie gaben 86,7 Prozent aller Befragten an, nichts dagegen zu haben, wenn der örtliche Sportverein von einem einzigen Sponsor finanziert werden würde. Auf die Frage, ob es sie stören würde, wenn der Sportverein nach dem Sponsor benannt werden würde, antworteten immerhin 72,3 Prozent der Gesamtstichprobe mit „Nein". Die Akzeptanz unter der Bevölkerung war bei dieser Befragung also vorhanden. Bei den jeweiligen Vereinsmitgliedern ist das Verhältnis ähnlich deutlich. Insgesamt hätten über 70 Prozent der jeweiligen Vereinsmitglieder nichts gegen eine Benennung des Sportvereins nach dem Sponsor.

5.2 Klein- und mittelständische Unternehmen als potenzielle Sponsoren

Für den klassischen Verein kommen in erster Linie die klein- und mittelständischen Unternehmen aus der jeweiligen Region als mögliche Sponsoren in Betracht. Sind Unternehmen in dieser Größenklasse überhaupt an echtem Sponsoring interessiert? Oder geht das Interesse eines Engagements für Vereine über die obligatorische Weihnachtsspende oder den gespendeten Satz Fußbälle nicht hinaus?

Die Europäische Sponsoringbörse (ESB) in St. Gallen (Adresse im Anhang) hat zusammen mit der Zeitschrift „Markt & Mittelstand" im Jahr 2000 eine Trendstudie zum Thema „Sponsoring im Mittelstand – Schwerpunkt Sport" durchgeführt. Die Ergebnisse der Studie zeigen sehr deutlich auf, welch hohes Sponsoringpotenzial diese Unternehmen haben. Grundlage war eine Stichprobe mit einem Umfang von 125 mittelständischen Unternehmen in Deutschland. Einige Ergebnisse daraus:

84 Prozent der befragten Unternehmen sind bekennende Sponsoren. Von dieser Gruppe betreiben wiederum 94 Prozent Sportsponsoring.
Die Unternehmen, die nicht im sportlichen Bereich sponsern, geben als Grund die zu hohen Etats an (32 Prozent) und immerhin 13 Prozent der Nichtsponsoren ärgern sich über die unprofessionellen Anfragen Geldsuchender, die einfach Konzepte aus dem Konzernsponsoring übernehmen und nur die Beträge etwas nach unten korrigieren. 12 Prozent der Befragten haben noch nicht das richtige Sponsorship gefunden, 11 Prozent reicht die Rolle als Mäzen und ebenfalls 11 Prozent finden die Darstellung bisheriger Engagements eher abschreckend.
Das durchschnittliche jährliche Sponsoringbudget der befragten Mittelständler liegt bei 38.091 Euro pro Unternehmen (ohne Sach- und Dienstleistungen).
Dass knapp ein Drittel der Nichtsponsoren die Etats zu hoch findet, mag an der Präsentation von Sponsorships in den Medien liegen. Hier werden natürlich vorwiegend die exorbitanten, aber dadurch medienwirksamen Sponsoringsummen im Profisport gezeigt. Aktive Kommunikation des Vereins mit den lokalen kleinen und mittelständischen Unternehmen kann diese einseitige Betrachtung relativieren.

Pro Jahr gibt es bei den Befragten im Schnitt 29 Anfragen im Sponsoringbereich, wobei 50 Prozent aus dem Sportbereich kommen. Nur 15 Prozent der anfragenden Sponsorensucher präsentieren ein Sponsoringkonzept, das für den potenziellen Sponsor einen klaren Nutzen aufzeigt. Die Mehrzahl der Sponsorensucher versuchen es mit dem „Bettelbrief". Dies führt dann bestenfalls zu einer Spende, aber nicht zu einem professionellen Sponsorship. Die bloße Annahme, dass Firmen einfach ausreichend Geld zur Verfügung haben und der Sportverein ja so eine wichtige Rolle in der Region spielt, ist da zu wenig.
Erfolg versprechender ist es da schon, sich mit den Zielen zu beschäftigen, die ein mittelständisches Unternehmen mit Sponsoring erreichen will (Mehrfachnennungen möglich):

69 Prozent wollen das Image steigern.
66 Prozent wollen ihre Bekanntheit steigern.
43 Prozent wollen Goodwill erzeugen.
27 Prozent wollen den Verkauf erhöhen.
22 Prozent wollen die Mitarbeitermotivation steigern.
19 Prozent wollen Kontakte pflegen (Hospitality).

Sponsorensucher sollten entsprechend dieser Unternehmensziele in ihr Sponsoringkonzept entsprechende Gegenleistungen aufnehmen, die dem möglichen Sponsor seine Investition geldwert und kommunikativ sinnvoll erscheinen lässt.

Auch die Frage, ob lokale oder eher überregional agierende Unternehmen angesprochen werden sollten, interessiert den Verein auf seiner Suche nach Sponsoren:

Über zwei Drittel der befragten Unternehmen (67 Prozent) geben in der Studie ihr Sponsoringgebiet als lokal an, also in der Heimatstadt des Unternehmens oder im näheren Umkreis liegend.

Wie kommt nun ein mittelständisches Unternehmen dazu, ausgerechnet das Dressurteam des Reitsportvereins oder den örtlichen Tennisnachwuchs zu unterstützen? Vier Aspekte beeinflussen die Sponsoringentscheidung. (Bei dieser Frage waren ebenso Mehrfachnennungen möglich.)

Unter den Befragten gibt es „Kopfentscheider":
63 Prozent: „Rein marketingzielorientierte Gründe",
38 Prozent: „Rein kaufmännische Gründe"

aber auch „Bauchentscheider":
37 Prozent: „Habe die Sportart früher selbst betrieben."
6 Prozent: „Finde den Sport und seine Darstellung gut."

46 Prozent lassen sich von einem aussagekräftigen Konzept beeinflussen, doch leider erhält die Mehrheit kein solches Konzept von den Sponsoringsuchenden. In der Entscheidungsphase, in der man sich entweder für oder gegen ein Sponsoringengagement ausspricht, spielen dann jedoch zwei Aspekte eine wesentliche Rolle:
Die letztendlich ausschlaggebenden Aspekte für die Entscheidung wird von den rein marketingzielorientierten Gründen dominiert (43%). An zweiter Stelle folgt die Vorlage eines aussagekräftigen Konzeptes (30%). Dies zeigt eindeutig die Notwendigkeit für Sponsoringsuchende entsprechend der Ziele des potenziellen Sponsors zu denken und ein entsprechend schlüssiges Konzept zu erstellen. Anregungen zur Konzepterstellung und konsequenten Verfolgung der Sponsorenakquisition finden Sie in Kapitel 5.4.

Zusammenfassend zeigen diese Daten gute Aussichten für Vereine, Sponsoring als Finanzierungsinstrument zu entdecken und tatsächlich Sponsoren zu finden.

5.3 Steuerliche Aspekte des Sponsorings

In Anlehnung an ein Schreiben des Bundesfinanzministeriums vom 18.02.1998 ist festzuhalten, dass durch Sponsoring erhaltene Leistungen grundsätzlich steuerfreie Einnahmen im ideellen Bereich, steuerfreie Einnahmen aus der Vermögensverwaltung oder steuerpflichtige Einnahmen aus dem wirtschaftlichen Geschäftsbetrieb sein können. Es ist dabei unerheblich, wie die Leistungen bei dem jeweilig leistenden Unternehmen behandelt werden.

Es liegt kein wirtschaftlicher Geschäftsbetrieb vor, wenn lediglich der Name des Vereins zu Werbezwecken zur Verfügung gestellt wird. Dies gilt auch dann, wenn der gesponserte Verein auf verschiedenen Werbemitteln wie Plakaten, Ausstellungskatalogen u.Ä. auf das Sponsoring hinweist, also den Name des Sponsors als Unterstützer nennt. Dies würde man dann steuerlich der Vermögensverwaltung zuordnen.

Allerdings liegt ein wirtschaftlicher Geschäftsbetrieb vor, wenn der gesponserte Verein selbst an den Werbemaßnahmen mitwirkt. Dies hat grundsätzlich zur Folge, dass die Sponsorengelder der Körperschafts- und Gewerbesteuer (soweit die Einnahmen im wirtschaftlichen Geschäftsbetrieb 30.678 Euro insgesamt übersteigen), sowie der Umsatzsteuer unterliegen. In Bezug auf die Umsatzsteuer greift der volle Steuersatz mit 16 Prozent durch. Übersteigen die gesamten Einnahmen im wirtschaftlichen Geschäftsbetrieb (Sponsoring, Werbung, Verkauf von Speisen und Getränken usw.) nicht die Grenze von 30.678 Euro, dann entsteht keine Körperschafts- und Gewerbesteuer. Ist die vorstehende Grenze überschritten, ist der Gewinn aus dem wirtschaftlichen Geschäftsbetrieb nach Abzug eines Freibetrags von 3.835 Euro nach den allgemeinen Grundsätzen der Gewerbe- und Körperschaftssteuer zu unterwerfen.

Als Betriebsausgaben kommen sodann nur die unmittelbar mit der Sponsoringmaßnahme zusammenhängenden Aufwendungen in Betracht, wobei es im Regelfall günstiger sein dürfte, den pauschalen Betriebsausgabenabzug von 25 Prozent für Werbemaßnahmen zu beanspruchen.

Sind jedoch Leistung und Gegenleistung nicht ausgeglichen, weil das Sponsorengeschäft nicht wie unter fremden Dritten vereinbart ist, weil z.b. der Sponsor ein Vereinsmitglied ist, kann eine freigebige Zuwendung vorliegen, die der Schenkungssteuer zu unterwerfen ist. Die Sponsorenleistungen können ggf. als Spende abgesetzt werden, soweit eine Zuwendungsbestätigung vorliegt.
Besonders kritisch ist das Sponsoring bei VIP-Maßnahmen (engl. Akronym: very important person: Bezeichnung für eine wichtige Persönlichkeit), wenn z.b. Sponsoren kostenlos Eintrittskarten und Bewirtungen für sich und ggf. Geschäftsfreunde erhalten. In einem solchen Fall steht oftmals der gesellschaftliche Rahmen im Vordergrund, sodass das Sponsorengeschäft nicht mehr betrieblich veranlasst ist. Andererseits kann auch keine freigebige Verwendung mehr vorliegen, wenn ein angemessener Gegenwert (z.B. Eintrittskarten) vorhanden ist.

Die Grenzen zwischen Sponsoring und Spende werden oft verwischt und führen nicht selten zu Problemen mit dem Finanzamt. Hier sollte ein Verein eine klare und konsequente Unterscheidung vornehmen. Als Sponsoring sollten nur die Mittel deklariert werden, die auch mit einer vertraglich festgeschriebenen Gegenleistung definiert sind. Alle anderen geldwerten Zuwendungen sollten dann auch nicht als

Sponsoring, sondern als Spende oder Förderung bezeichnet werden und dem ideellen Bereich zugeordnet werden.

5.4 Typische Fehler und Lösungsvorschläge

Der wahrscheinlich größte Fehler, den immer wieder kleine und mittelgroße Vereine machen, ist die Überschätzung des werblichen Nutzens für Sponsoren. Die Vereinsverantwortlichen glauben oft, dass die namentliche Präsentation des Sponsors bei Veranstaltungen automatisch mit einem wirtschaftlichen Nutzen für den Sponsor verbunden ist. Dem ist in der Regel leider nicht so. Erst durch die Vernetzung kommunikativer Maßnahmen und durch mehrjähriges Engagement sind werbliche Ziele, wie z.b. die Steigerung des Bekanntheitsgrads möglich. Der Nutzen ist oftmals im Hinblick auf persönliche Kundenpflege oder Präsentation von Produkten im Erlebnisfeld „Veranstaltung" stärker. Aus diesem Grund ist es von großer Bedeutung, dass der Verein auf der Sponsorensuche den möglichen Nutzen für den potenziellen Sponsor deutlich herausarbeitet, um diesen bei der Sponsorenakquisition dann auch wirksam präsentieren zu können.

> **!** Die Gespräche mit Sponsoren sind im Grunde Verkaufsgespräche, bei denen die Vorteile bei einer Unterstützung des Vereins „an den Mann" gebracht werden sollen. Es gelten die gleichen Verhaltensregeln wie bei einem Verkaufsgespräch. Ein Verkäufer kommt nicht um zu betteln, sondern um ein Geschäft zu machen, das für beide Seiten Nutzen bietet.

Ein weiteres sehr verbreitetes Manko ist das Fehlen eines klaren und zielorientierten Sponsoringkonzepts. Denken Sie für den potenziellen Sponsor voraus und bieten Sie dementsprechend Gegenleistungen für das Sponsoring an.

Im Folgenden werden die Strukturen von zwei Sponsoringkonzepten mit verschiedenen Funktionen gezeigt. Bevor Sie auf Sponsorensuche gehen, sollten Sie für Ihren Verein zunächst einmal ein internes Strategiekonzept entwickeln. Wenn die Strategie und die genau definierten Maßnahmen stehen, dann ist es Zeit, für den möglichen Sponsor ein Nutzenkonzept zu entwickeln. Je detaillierter dieses Nutzenkonzept auf den potenziellen Sponsor zugeschnitten ist, desto größer ist die Chance der erfolgreichen Akquisition.
Die Beispielfragen in den einzelnen Bereichen sollen Ihnen helfen, die beiden Konzepte mit den nötigen Inhalten zu füllen. Diese Fragen dienen zur Orientierung und erheben keine Anspruch auf Vollständigkeit.

Beispielstruktur 1: Internes Sponsoring-Strategiekonzept

Definition des Ist-Standes
Wo stehen wir?
Welche Sponsoren haben wir bereits?
Was leisten diese Sponsoren?
Was sind unsere genauen Gegenleistungen?
Sind bereits vorhandene Sponsoren mit unseren Gegenleistungen zufrieden?
Was sind unsere Stärken/Schwächen?
Was macht uns für Sponsoren interessant?
Welche Zielgruppen sprechen wir mit unserem Verein hauptsächlich an?
Wer kann Sponsoringaktivitäten in unserem Verein betreuen?

Definition des Soll-Standes
Wo wollen wir hin?
Wie würde ein Idealbild in Bezug auf Sponsoring unseres Vereins aussehen?
Was sind unsere genauen Vereinsziele?
Was wollen wir mit Sponsoring erreichen?
Wie hoch ist unser Bedarf an Finanz-, Sach- und Organisationsmitteln heute und in der nahen Zukunft?

Strategie
Welche Wege wählen wir, um an Sponsoren zu kommen?
Auf welche Art und Weise wollen wir potenzielle Sponsoren ansprechen?
Gibt es Alternativwege?
Ist die Vorgehensweise unter Berücksichtigung der bekannten Rahmenbedingungen realistisch?
Was liegt zu 100 Prozent in unserem persönlichen Einflusskreis?

Konkrete Maßnahmen
Wer macht was bis wann?

Durchführung/Controlling
Wer steuert und kontrolliert die Durchführung der Maßnahmen?
Welche Qualität erwarten wir bei der Durchführung?
Was passiert, wenn die Maßnahmen nicht so wie geplant funktionieren?
Gibt es einen „Plan B" oder gar „Plan C"?

Beispielstruktur 2: Nutzenkonzept für potenzielle Sponsoren

Zweck und Ziele des Vereins
Wo sind wir stark?
Was macht uns besonders und interessant?
Wie lange gibt es den Verein bereits?

Kommunikative Ausrichtung
Welche Zielgruppen sprechen wir an?
Wie ist das Image unseres Vereins?
Welche positiven Presseberichte gibt es über unseren Verein?
Welche öffentlichen Würdigungen/Ehrungen können wir anführen?
Gibt es herausragende Erfolge von Vereinsmitgliedern/Teams?
Welches kommunikative Einzugsgebiet sprechen wir mit unserem Verein an?

Nutzen für den Sponsor
Wie sieht die Kommunikationsplattform aus, die wir dem Sponsor bieten können?
Wo und in welcher Form könnte sich ein Sponsor optisch wiederfinden?
Über welche Kommunikationsmedien verfügen wir?
Welche Vereinsleistungen könnten wir einem Sponsor oder dessen Mitarbeitern, Kunden, Freunden etc. anbieten?
In welchen Bereichen besteht eine Verbindung zwischen den Vereinsleistungen oder dem Vereinszweck und der Person oder den Produkten des Sponsors?
Welche Imagevorteile unseres Vereins könnten einem Sponsor im Falle eines Imagetransfers nutzen?
Welchen persönlichen Nutzen hat die für das Sponsoring verantwortliche Person?
Welche Beispiele dienen zur Veranschaulichung unserer individuellen Leistungspakete?

Gegenleistung des Sponsors
Welche Gegenleistungen erwarten wir von einem Sponsor?
Welche Art und welchen Umfang an Gegenleistungen (Finanz-, Sach- und/oder Organisationsmittel, Know-how) erwarten wir?
Welche konkreten Leistungspakete können wir für individuelle Sponsoringleistungen zusammenstellen?
Welchen Sponsoringzeitraum wollen wir anbieten?

5 Sponsoring – wenn, dann richtig

> **!** Bedenken Sie bitte bei der optischen Aufbereitung eines Nutzenkonzepts für einen potenziellen Sponsor, dass ähnliche „Regeln" gelten wie bei einer persönlichen Bewerbung für eine Arbeitsstelle. Der erste Eindruck ist extrem wichtig. Daher sollte Ihr Nutzenkonzept professionell aussehen.

Mit einfachen grafischen Mitteln lässt sich ein ansprechendes Deckblatt entwickeln. Binden Sie Ihr Konzept in einer attraktiven und leicht handhabbaren Form. Übrigens macht es einen sehr positiven Eindruck, wenn Sie das Konzept für den einzelnen potenziellen Sponsor sogar individualisieren. Das heißt, versuchen Sie z.B. das entsprechende Firmenlogo des Ansprechpartners in Ihr Konzept einzubauen. Dann kann sich der Ansprechpartner bereits im Konzept wiederfinden und das kann einen psychologischen Vorteil bedeuten.

Übung: Fremd- oder selbstgesteuert? – Eine Frage der richtigen Einstellung zum Thema Sponsoring.

fremdgesteuert
- „Richtiges Sponsoring findet nur bei Profisportlern statt."
- „Wenn man nicht im Fernsehen zu sehen ist, interessieren sich keine finanzkräftigen Sponsoren."
- „Sponsoring beherrschen nur Profi-Vereinsmanager."
- „Alle Firmen müssen heutzutage sparen."

selbstgesteuert
- „Wir setzen uns zusammen und entwickeln ein Sponsoringkonzept, das deutlich den kommunikativen Nutzen für einen Sponsor darstellt."
- „Ich werde konkrete und exakte Sponsoringpakete schnüren."
- „Ich unterhalte mich mit Unternehmern über deren Wünsche."

Notieren Sie jetzt, was Sie persönlich zu diesem Thema beitragen können:

➡ _____
➡ _____
➡ _____
➡ _____

6 Marketing-Management für einen Verein

*Wer den Hafen nicht kennt,
in den er segeln will,
für den ist kein Wind ein günstiger.
(Seneca, röm. Gelehrter)*

Dieses Kapitel soll aufzeigen, welche Strategien ein Verein anwenden kann, um sich mittels Marketing-Management zu profilieren. Die marktorientierte Ausrichtung ist die Basis für das Ausschöpfen und Erweitern bereits genannter Einnahmequellen und für das Erschließen kreativer Wege der Mittelbeschaffung.
Zuerst erhalten Sie dazu einen Einblick in die Marketing-Grundlagen. Die einzelnen Teile eines Marketing-Konzeptes und Ansätze zu dessen Umsetzung folgen darauf im Detail.

6.1 Grundlagen

Das moderne Marketing-Management setzt sich nach Kotler aus vier Bereichen zusammen:

- Produktpolitik
- Preispolitik
- Distributionspolitik
- Kommunikationspolitik

Diese klassischen vier Bereiche werden auch die „4 P's" des Marketing genannt, da sie im Englischen für „product", „price", „placement" und „promotion" stehen. Sinnvoll ist die Ergänzung um zwei Betrachtungsweisen (vgl. Heigl/Scheinert: Schnellkurs Marketing):

- Menschorientierung (person)
- Peripherie (periphery)

Zielorientierung

Klare Ziele sind eine Voraussetzung für den Aufbau eines Konzeptes. Die Praxis zeigt jedoch, dass Vereine nur in wenigen Fällen eine klare, konsequente Zielvorstellung schriftlich fixieren. Bevor mit irgendwelchen Maßnahmen begonnen wird und ein Marketing-Konzept aufgestellt wird, sollte ein Verein die gewünschte Ausrichtung seiner Aktivitäten festlegen.

Der in der Satzung des Vereins festgeschriebene Satzungszweck beinhaltet das grundlegende Vereinsziel. Aus praktikablen Gründen sollte der Vereinszweck relativ weit gefasst werden. Wird der Vereinszweck zu detailliert und eng gefasst, dann steigt

- die Gefahr von Streitigkeiten unter den Mitgliedern und
- es wäre bei Anpassungen des Vereinszwecks stets eine Satzungsänderung notwendig, bei der Mitgliedermehrheiten benötigt werden.

Da dies verwaltungstechnisch aufwändig ist, sollte der Vereinszweck in der Satzung besser etwas weiter gefasst sein.

Für eine professionelle marktorientierte Ausrichtung des Vereins reicht das allerdings nicht. Eine detaillierte Zielübersicht ist notwendig. Abgeleitete quantitative und qualitative Ziele machen die Zielsetzung des Vereins transparenter.

```
                    Vereinsziele
                   /            \
        Quantitative Ziele    Qualitative Ziele
```

Quantitative Ziele	Qualitative Ziele
ideale Mitgliederzahl Anzahl an Trainingsstätten Anzahl der Trainingsgeräte Anzahl der Übungsleiter Kostenziele Höhe der Mitgliedsbeiträge Anteil an Sponsorenmittel Anzahl der Sponsoren Tabellenziele etc.	Vereinsimage fachliche Qualifikation der Übungsleiter Qualität der Trainingsstätte Zuverlässigkeit der Mitglieder Intensität des Engagements v. ehrenamtlichen Helfern Stimmungsgrad bei den Mitgliedern etc.

Abb. 8: Beispiele von quantitativen und qualitativen Vereinszielen

Die in Abbildung 8 gezeigten Zielbeispiele leiten sich idealerweise von Vereins-Vision oder auch Vereins-Leitbild ab. Verantwortliche des Vereins sollten also – wenn möglich zusammen mit den Mitgliedern – ein Leitbild definieren, das den Verein im Idealfall darstellt und nennt, was er leisten soll. Die beste Zeit für die Definition eines Leitbilds ist die Gründungsphase. Zu diesem Zeitpunkt hat sich noch kein Image geprägt, die Ausrichtung des Vereins ist noch offen und die Satzung kann noch dementsprechend angepasst werden.

Hat ein Verein schon einen gewissen Werdegang hinter sich, sollten Sie als Basis zur Aufstellung der Vereinsziele zunächst den Ist-Stand definieren: Wo steht der Verein in Bezug auf den Umfang und die Qualität der Vereinsleistungen? Wie ist das öffentliche Image? Wie ist die Mitgliederstruktur? etc. Der darauf folgende Schritt ist die Definition des Soll-Stands. Daraus lassen sich dann die Ziele ableiten.
Sind die Ziele einmal definiert und aufeinander abgestimmt, dann ist es sehr viel leichter eine Strategie aufzubauen, die in einem praktischen Maßnahmenkatalog mündet.

Wettbewerbsanalyse

Um den Wettbewerb richtig einschätzen zu können, ist es sinnvoll eine Analyse der Stärken und Schwächen anzustellen. Ein Marketing-Konzept wird erst dann richtig effektiv, wenn Sie systematisch den Nutzen Ihres Angebots im Verhältnis zum Nutzen der Wettbewerber herausstellen können.

Dazu ist es zunächst einmal nötig, die eigentlichen und echten Wettbewerber zu definieren. Beispielsweise steht nicht jeder Verein am Ort in direkter Konkurrenz zum eigenen Verein. So wird der örtliche Skatclub mit 25 Mitgliedern dem Sportverein mit 600 Mitgliedern schon von der Thematik her nicht viel nehmen. Entscheidend ist die Sicht der Personen, die zu den gewünschten Zielgruppen gehören. Will ein Sportverein z.B. mehr Jugendliche für den Aufbau von Wettkampfteams als Mitglieder akquirieren, dann tritt er automatisch in den Wettbewerb mit anderen Freizeitvereinigungen, die von diesen Jugendlichen besucht werden. So kann durchaus eine aktive kirchliche Landjugend in Konkurrenz zu diesem Sportverein stehen, obwohl sie keinen Sport anbietet.

Im zweiten Schritt schauen Sie aus Sicht der Zielgruppe, also der potenziellen Mitglieder, auf die wichtigsten Vorteile der Wettbewerber. Haben Sie diese einmal definiert, dann können Sie sie in Ihrem Marketing-Konzept neutralisieren. Setzen Sie den besonderen Vorteil Ihres Leistungsangebots dagegen. Im Marketing spricht man dann von einem Alleinstellungsmerkmal. Sie könnten auch sagen, Sie bauen sich einen HSK auf („Hat Sonst Keiner"). Dieses Alleinstellungsmerkmal muss einen echten Nutzen für die Angesprochenen beinhalten, sonst wirkt es nicht. Dass Sie als einziger Sportverein die meisten Bälle besitzen, ist vielleicht einzigartig, aber stellt nicht unbedingt einen echten Mitgliedernutzen dar. Dieser „HSK" sollte auch möglichst langlebig sein, damit die Wettbewerber ihn nicht bei Erfolg sofort kopieren können. Aus diesem Grund bietet sich an, das Alleinstellungsmerkmal im Bereich der Vereinsverantwortlichen wie Trainer, Betreuer, Funktionäre usw. zu suchen. Das können besondere fachliche Qualifikationen sein oder die Motivation und Stimmung, die in einem Verein verbreitet wird. Der Aufbau des Alleinstellungsmerkmals dauert in der Regel etwas länger und ist auch ständig zu pflegen, aber es ist dann auch dementsprechend stabiler.

Der folgende Analysebogen hilft Ihnen, zusammen mit Ihren Vereinskollegen eine Wettbewerbsanalyse durchzuführen.

Grundlagen **89**

Kernkompetenz?

	A	B	C	D	E
Wer sind unsere Hauptkonkurrenten?					
Welchen Vorteil hat unser Konkurrent gegenüber uns?					
Welchen Vorteil haben wir gegenüber unserem Konkurrenten?					

⇒ **Kernkompetenz**

Welchen Vorteil haben wir gegenüber allen Konkurrenten?

Falls kein Alleinstellungsmerkmal vorhanden....?

6 Marketing-Management für einen Verein

Übung: Fremd- oder selbstgesteuert? – Eine Frage der richtigen Einstellung zum Thema Wettbewerb.

fremdgesteuert
„Gegen Wettbewerber kann man eh nichts machen."
„Es ist besser, wir kümmern uns um uns selbst, als um die Konkurrenz."
„Als größter Verein am Ort haben wir doch sowieso keine echte Konkurrenz."

selbstgesteuert
„Ich werde eine genaue Wettbewerbsanalyse durchführen."
„Ich analysiere, was aus Mitgliedersicht die anderen besser machen und was wir besser machen als die anderen."
„Wir entwickeln zusammen unser Alleinstellungsmerkmal."
„Wir gehen unseren Weg, aber achten auf unsere Konkurrenz."

Notieren Sie jetzt, was Sie persönlich zu diesem Thema beitragen können:
➡
➡
➡
➡

Strategie und Umsetzung

Ohne Umsetzung nutzt die schönste Strategie nichts und die wohl definierten Ziele werden nicht realisiert werden. Viele Strategien und Konzepte landen in der berühmten Schublade und werden nicht umgesetzt. Sie sind entweder zu lang, zu kompliziert oder bedürfen spezieller Umsetzer. Daher bezieht eine Erfolg versprechende Strategie von Anfang an die Gestaltung und Umsetzung mit ein. Das bedeutet zum Beispiel, dass Mitglieder des Vereins, die später für eine bestimmte Umsetzung vorgesehen sind, frühzeitig in den Strategieprozess einbezogen werden. So erhöht sich die Identifikation mit dem Umsetzungsprozess und damit die Motivation, aktiv an der Neuausrichtung des Vereins mitzuwirken.

Die Motivation hängt auch stark davon ab, ob das Leitbild und die daraus abgeleiteten Ziele bei den Mitgliedern bekannt sind. Aus diesem Grund sollte von Anfang an besonderer Wert auf die konsequente und umfassende Kommunikation der Vereinsziele gelegt werden.
Eine weitere Voraussetzung für die Umsetzung ist das Prinzip „Einfachheit". Denken Sie daran: Es ist so wahnsinnig einfach, etwas kompliziert zu machen und es ist so wahnsinnig schwer, etwas einfach zu machen. Nur die Einfachheit und die Verständlichkeit einer Strategie macht es den Umsetzern unterschiedlichster Vorbildung und Prägung möglich, an der Umsetzung der Strategie zu arbeiten, ohne fortwährend mit dem Verstehen der Strategie beschäftigt zu sein.

Übung: Fremd- oder selbstgesteuert? – Eine Frage der richtigen Einstellung zum Thema Strategie und Umsetzung.

fremdgesteuert
- „Strategie – schießen wir da nicht mit Kanonen auf Tauben?"
- „Bevor wir viel Zeit mit theoretischen Strategien vergeuden, sollten wir lieber konkret werden."
- „Wir sind handfeste Praktiker und nicht Theoretiker."
- „Wir sind ja kein Unternehmen oder eine Marke."

selbstgesteuert
- „Als Erstes legen wir unsere exakten Ziele fest."
- „Ich entwickle keine Maßnahme bevor die Marketingstrategie steht."
- „Ich binde von Anfang an unsere Mitglieder in die Strategieentwicklung mit ein."

Notieren Sie jetzt, was Sie persönlich zu diesem Thema beitragen können:
➡
➡
➡
➡

6.2 Produktpolitik – was haben wir zu bieten?

Hier stellt sich die Frage, was denn die Produkte eines Vereins sind. Für einen Sportverein zählen die verschiedenen Sparten und Trainingsmöglichkeiten und die einzelnen Serviceleistungen zu den Vereinsprodukten. Betrachtet man die einzelnen Produkte, dann spielen zwei Faktoren eine Rolle:

- die Sortimentsbreite (z.B. beim Sportverein unterschiedliche Sportarten)
- die Sortimentstiefe (z.B. beim Sportverein Kurse für unterschiedliche Altersgruppen/unterschiedliches Geschlecht oder Kurse für Anfänger, Fortgeschrittene, Leistungssportler)

Eine hohe Sortimentsbreite signalisiert viele Auswahlmöglichkeiten im Produktangebot. Ein Sportverein mit hoher Sortimentsbreite ist zum Beispiel für spaßorientierte Breitensportler interessant.
Eine hohe Sortimentstiefe zeugt erfahrungsgemäß von einer hohen Qualität für das jeweilige Produkt. In einem Sportverein werden dabei viele Erfahrungen innerhalb einer Sportart gesammelt und diese auch weitergegeben. Das bedeutet für den Sportverein auch einen höheren Anteil an Trainings- und Betreuungspersonal aufgrund der Kursanzahl. Ein solcher Sportverein mit starker Spezialisierung ist dann eher für am Leistungssport orientierte Mitglieder interessant.

Übung: Versuchen Sie einmal in die folgende Matrix die Produkte Ihres Vereins einzutragen. In der linken Spalte notieren Sie die Produkte nach Unterschiedlichkeit (Sortimentsbereite) und in der Kopfzeile notieren Sie Produkte, die starke Ähnlichkeiten mit anderen Produkten haben (Sortimentstiefe) aber trotzdem getrennt voneinander angeboten werden.

	Sortimentstiefe				
Sortimentsbreite					

Zu den Serviceleistungen eines Vereins zählen zum Beispiel:

- Organisation und Verwaltung
- Betreuung der Mitglieder und Kursleiter
- Information an die Mitglieder
- soziale Aktivitäten

Eine durchdachte Produktpolitik erzielt den Effekt, dass der Verein für die Mitglieder an an Wert gewinnt. Somit ist es auch wieder mehr Menschen mehr wert, sich für den Verein einzusetzen. Solange jedoch die Produktpolitik nicht systematisch und zielgerichtet an den vorhandenen und zukünftigen Mitgliedern ausgerichtet ist und für Interesse in der Vereinsumwelt sorgt, solange wird die Suche nach potenziellen Mittelgebern schwer sein.

Motivationsmodell für die Handlungsbereitschaft von Mitgliedern eines Vereins

Das Modell soll zeigen, in welchem Maße die Vereinsmitglieder bereit sind Beiträge zu leisten. In Anlehnung an die Motivationspyramide von Maslow, der verschiedene Motivationsstufen beschrieben hat, lässt sich ein plausibles Konstrukt aufstellen. Maslow geht davon aus, dass der Wunsch nach Befriedigung der höheren Bedürfnisse die Befriedigung der niedrigeren Bedürfnisse voraussetzt. Entsprechend wird der Mensch zunächst seine finanziellen Mittel für die Befriedigung der niedrigen Bedürfnisse verwenden und danach für die höheren.

Abb. 9: Motivationsmodell eines Vereins

Zunächst ist das Vereinsmitglied bereit, den Mitgliedsbeitrag zu zahlen. Der Mitgliedsbeitrag stellt die Gegenleistung für die Befriedigung eines bestimmten Grundnutzens im Verein dar.

Wird dieser Grundnutzen nicht befriedigt, dann erscheint dem Mitglied der Beitrag im Preis-/Leistungsverhältnis zu hoch. Es wird dann schwer zu bewegen sein, die nächste Stufe mitzutragen, nämlich das Zahlen zusätzlicher Gebühren für Sonderkurse, zum Beispiel einen Verteidigungskurs für Frauen. Denn die Motivation, für die nächst höhere Stufe Geld auszugeben, also einen Zusatznutzen zu honorieren, ist nur zu erreichen, wenn das Mitglied seinen Grundnutzen bereits erfüllt hat.

Deshalb ist es sehr wichtig, dass ein Verein genau eruiert, ob aus Sicht der Mitglieder die Mitgliedsbeiträge für die gebotenen Leistungen gerechtfertigt sind. Ist das Mitglied zufrieden mit der Basisleistung, dann steigt die Motivation für mehr wirtschaftliches Engagement. Ist das Mitglied nicht zufrieden, dann wird es nur bereit sein, den Mitgliedsbeitrag zu zahlen oder es wird den Verein verlassen.

Die Pyramide zeigt auch, dass die höchste Stufe die ehrenamtliche Mitarbeit ist. Sind die darunter liegenden Motivationsstufen nicht befriedigt, dann wird das Mitglied nicht bereit sein, unentgeltlich geldwerte Leistungen zu erbringen.

Das Modell verjüngt sich nach oben, was zeigen soll, dass nach oben immer weniger Vereinsmitglieder bereit sind, diese Stufen zu erklimmen.

Gibt es genügend Vereinsmitglieder, die sich auf den jeweiligen Stufen wirtschaftlich engagieren, dann steigt auch die positive Außenwirkung. Ein solcher Verein wird interessanter für potenzielle Mitglieder und Mittelgeber.

Die Pyramide zeigt auch nochmals, dass man von den Mitgliedern sehr wohl neben dem Mitgliedsbeitrag zusätzliche Entgelte erhalten kann (siehe dazu auch Kap. 3.1). Basis dafür ist eine durchdachte Produktpolitik. Oftmals werden aber bereits dabei die Hausaufgaben nicht konsequent gemacht und dann wundern sich Vereinsverantwortliche über mangelndes Engagement und sogar Entrüstung bei Beitragserhöhungen.

Hier lohnt auch ein Blick zu kommerziellen Freizeitanbietern: Ein privatwirtschaftliches Fitness-Studio verlangt zum Beispiel oftmals über das 15-fache des Monatsbeitrags eines Sportvereins und lässt sich zudem bestimmte Leistungen wie z.B. Kinderbetreuung zusätzlich vergüten – mit enormem Zulauf. Entscheidend ist hier allein das Empfinden des Konsumenten für das Preis-/Leistungsverhältnis. Ist das Produkt seinen Preis wert, dann erscheint es dem Mitglied „preiswert". Ist die Leistung geringer als für den Preis erwartet, dann empfindet das Mitglied den Beitrag als teuer.

Die Vereinsstudie hat zum Thema Preis-/Leistungsverhältnis gezeigt, dass die Befragten den Mitgliedsbeitrag mit überwiegender Mehrheit als „normal" empfanden (61 Prozent) und 28 Prozent als „günstig" bezeichneten.

Das bedeutet, dass hier noch ein gehöriges Potenzial möglich ist, aber nur wenn das Produkt wie gerade beschrieben, systematisch aufgewertet wird und die Nutzen auch dementsprechend nach innen und außen kommuniziert werden.

Absatzfördernde Produktfaktoren

Neben dem Produkt selbst gibt es noch eine Reihe von Faktoren, die den Absatz der Produkte zusätzlich unterstützen. Folgende Faktoren können für einen Verein interessant sein:

- Qualität
- Design/Verpackung
- Verfügbarkeit
- Service/Support
- Preis

Die Qualität der Vereinsprodukte zeigt sich zum Beispiel im Fachwissen, das die Vereinsmitglieder besitzen, in der Ausbildung der Kursleiter oder im methodisch-didaktischen Können von Übungsleitern. Weitere Aspekte sind die Ausstattung und technische Qualität der Vereinsräume oder die zugelassene Teilnehmerzahl bei betreuungsintensiven Kursen oder Veranstaltungen.

Design und Verpackung der Vereinsprodukte spiegeln sich zum Beispiel in deren Benennung wider. So schafft eine „Freizeitgymnastik" andere Anreize als eine „Wirbelsäulengymnastik" oder ein „Bodyshaping". Dabei soll nicht grundsätzlich der Rekord für trendige Kursbezeichnungen gebrochen werden. Es lohnt auch nicht ein bisheriges Produkt umzubenennen, nur weil der neue Name momentan „hip" klingt. Ebenso wenig sollte der Verein um jeden Preis an althergebrachten Kursbezeichnungen hängen, nur weil diese vielleicht in der Vereinsgeschichte immer so benutzt wurden.

Entscheidend für die Bezeichnung ist einzig und allein, welche Zielgruppe der Verein ansprechen will. Die Produkte sollten auch von der Verpackung her an den betreffenden Zielgruppen ausgerichtet werden. Und so kann es durchaus sein, das eine Seniorin weiterhin die Möglichkeit hat, ihre schon seit 20 Jahren gewohnte „Hausfrauengymnastik" zu besuchen, wohingegen 16jährige Teens desselben Vereins sich für einen „Hip-Hop-Kurs" begeistern, der vielleicht ein Jahr später wieder aus dem Programm genommen wird.

Zur Verpackung zählt auch das Ambiente der Vereinsräume. Gerade wenn Veranstaltungen, Kurse oder Vorträge stattfinden, wirken sich die Örtlichkeiten auf die Stimmung der Teilnehmenden aus. Hygienische Verhältnisse in Trainingsstätten, angenehme Temperatur-, Licht- und Luftverhältnisse im Vortragsraum usw. steigern das positive Empfinden des jeweiligen Leistungsangebots.

Die Verfügbarkeit der Produkte, etwa die möglichen Veranstaltungszeitpunkte oder verschiedene Trainings- oder Nutzungszeiten spielen ebenso eine Rolle bei der Produktwahrnehmung. Die Vereinsstudie zeigte zum Beispiel, dass für die Mitglieder eines Sportvereins flexible Trainingszeiten sehr wichtig sind. Das Produktangebot lässt sich auch dadurch verbessern.

> **X Beispiel:**
>
> Der Sportverein Trimm dich e.V. war für die Durchführung seiner Kurse auf die Nutzung von Schulturnhallen angewiesen. Aufgrund der Ferienzeiten war es jedoch pro Jahr durchschnittlich 14 Wochen nicht möglich, die jeweiligen Kurse anzubieten. Das bedeutete über ein Vierteljahr keine Trainingsmöglichkeit – trotz Jahresmitgliedsbeitrag. Die Vereinsführung suchte nach Ausweichmöglichkeiten und organisierte für die Zeit der Sommerferien einen Lauftreff im Freien. Somit konnten die Kursteilnehmer regelmäßig am Training teilnehmen.

Produktpolitik – was haben wir zu bieten?

Service und Support zielt besonders auf die bereits genannte Betreuung und Verwaltung im Verein ab. Werden beispielsweise Mitglieder rechtzeitig telefonisch informiert, wenn Veranstaltung ausfallen müssen? Werden Ausflüge und Feste für die Mitglieder organisiert? Das sind Ansatzpunkte, die ebenso helfen, das Produktangebot des Vereins zu verbessern.

Der Preis eines Produktes hat mit einen bedeutenden Einfluss auf das Konsumverhalten eines Menschen. Entscheidend ist hier allein das Empfinden des Konsumenten oder in diesem Fall des Vereinsmitglieds für das Preis-/Leistungsverhältnis.

Übung: Fremd- oder selbstgesteuert? – Eine Frage der richtigen Einstellung zum Thema Produktpolitik.

fremdgesteuert
„Wir haben das klassische Angebot eines Vereins und mehr erwarten die Leute auch nicht von einem Verein."
„Unsere Mitglieder wollen Sport treiben, die wollen kein besonderes Ambiente."
„Trendige Bezeichnungen verstehen die Mitglieder nicht."

selbstgesteuert
„Ich mache mir eine Liste alternativer Begriffe für bereits vorhandene Kurse, um die Zielgruppen besser zu erreichen."
„Wir machen eine Mitgliederbefragung zum Thema: ‚Trainingszeiten und Zustand der Veranstaltungsräume'."
„Ich überprüfe die Qualifikationen der Übungsleiter."

Notieren Sie jetzt, was Sie persönlich zu diesem Thema beitragen können:
➡
➡
➡
➡

6.3 Preispolitik – zu billig oder zu teuer?

In der Preispolitik hat ein Verein im Vergleich zu einem Gewerbebetrieb nicht den Umfang an Gestaltungsmöglichkeiten. In erster Linie geht es um die Gestaltung von Mitgliedsbeiträgen.

Die Bereitschaft einen bestimmten Beitrag für Vereinsleistungen zu zahlen, hängt – wie bereits mehrfach erwähnt – vom jeweiligen Nutzen, den die Mitglieder daraus ziehen, ab. Hier baut die Preispolitik auf die Produktpolitik auf.

Von großer Bedeutung für die Preispolitik ist auch, welche Zielgruppen hauptsächlich angesprochen werden sollen und welche Finanzkraft diese haben. So sind die Zielgruppen, die ein Segelverein anspricht, wirtschaftlich besser gestellt als die Zielgruppen, die ein Schützenverein anzieht. Darüber hinaus ist die Region entscheidend, in der ein Verein tätig ist. Ist zum Beispiel die Arbeitslosenquote hoch, dann wirkt sich das wahrscheinlich beitragsmindernd aus. So haben laut der Vereinsstudie 18 Prozent der Arbeitslosen den Mitgliedsbeitrag als „teuer" bezeichnet und waren damit die Gruppe mit dem höchsten Wert zu dieser Frage unter den Befragten.

Ein weiterer Faktor, der in der Preisbildung nicht außer Acht gelassen werden darf, ist das Wettbewerbsumfeld. Je nachdem, welche Produkt- und Preispolitik die Mitanbieter auf dem lokalen Markt verfolgen, hat dies mehr oder weniger starken Einfluss auf die eigene Preispolitik des Vereins. Entscheidend ist, welche Vergleichsmöglichkeiten der Verbraucher hat. Aus diesem Grund ist es sehr von Vorteil, dass die Produkt- und Preispolitik eines Vereins möglichst transparent am lokalen Markt bekannt ist. Das heißt, die vorhandenen Vereinsmitglieder, aber vor allem auch die potentiellen Vereinsmitglieder sollten so gut es geht über Beiträge und Preise informiert sein, damit sie das oft hervorragende Preis-/Leistungsverhältnis eines örtlichen Vereins kennen. Um dies zu erreichen kann sich der Verein eines weiteren „P's" bedienen: der Kommunikationspolitik. Sie wird später noch im Detail besprochen.

Spricht man von Preispolitik, so sollte als wichtiges Instrument dieser auch die Rabattpolitik genannt werden.

In vielen Vereinen gibt es bereits Beiträge, die für bestimmte Personengruppen reduziert sind (z.B. Schüler, Soldaten, Rentner etc.) – so genannte Beitragsstaffeln. Man spricht von Preisdifferenzierung, wenn man beispielsweise altersgemäße Preisstaffelungen anbietet. Das bedeutet, dass man die Mitgliedspreise danach ausrichtet, was sich eine Altersgruppe leisten kann oder in welchen Umfang eine Alters-

Preispolitik – zu billig oder zu teuer? **99**

gruppe überhaupt die Möglichkeit hat, die unterschiedlichen Vereinsangebote zu nutzen. So hat z.b. ein Teenager mehr Möglichkeiten einen Sportverein zu nutzen als ein Kleinkind. Ein anderes Beispiel ist ein geringerer Mitgliedsbeitrag für Rentner, wenn das Kursangebot für diese Altersgruppe vielleicht sehr eingeschränkt ist. Hier gibt es eine ganze Reihe weiterer Gestaltungsmöglichkeiten. Will der Verein zum Beispiel einer hohen Fluktuation der Mitglieder entgegentreten und zu längeren Mitgliedszeiträumen motivieren, bietet sich folgende Lösung an: Der Verein kann im Rahmen der Mitgliedsbeitragzahlung die Beitragsvarianten „3+1" oder „5+2" anbieten. Für den Interessenten bedeutet dies, drei bzw. fünf Jahresbeiträge im Voraus zu zahlen und dafür ein Jahr oder zwei Jahre Mitgliedschaft gratis zu erhalten. Der Vorteil für den Verein liegt einerseits in der Bindung des Mitglieds an den Verein und andererseits im Liquiditätsvorsprung bei den Vereinsfinanzen, der zinsbringend eingesetzt werden könnte.

Übung: Fremd- oder selbstgesteuert? – Eine Frage der richtigen Einstellung zum Thema Preispolitik.

fremdgesteuert
„Die Preise haben wir schon immer so und die Mitglieder haben sich darauf eingestellt."
„Zu viele unterschiedliche Mitgliedsbeiträge machen das Ganze zu unübersichtlich und kompliziert."
„Am Preis kann man grundsätzlich nicht viel machen."

selbstgesteuert
„Ich werde einige Beitragsänderungen entwickeln, die uns einen Liquiditätsvorsprung und Zinsvorteil ermöglichen."
„Ich eruiere mal, was unsere Wettbewerber verlangen."
„Ich mache mir Gedanken, mit welchen Argumenten wir eine Beitragserhöhung rechtfertigen können."

Notieren Sie jetzt, was Sie persönlich zu diesem Thema beitragen können:
➡
➡
➡
➡

6.4 Distributionspolitik – wie kommt man aktiv an Mitglieder?

Die Distributionspolitik beschäftigt sich mit den verschiedenen Absatzwegen, die ein Anbieter nutzt, um seine Produkte zum Verbraucher zu bringen und den damit verbundenen organisatorischen und logistischen Notwendigkeiten. Dabei kommt für einen Verein in der Regel nur ein Absatzweg infrage: Das zukünftige Mitglied kommt selbstständig zum Verein und beantragt die Mitgliedschaft. Kurz gesagt, der Verein betreibt weniger aktiven Vertrieb, sondern wartet auf das Mitglied. Damit kann ein Verein jedoch nur reagieren, er überlässt seine Distribution dem Zufall. Würde der Verein aber agieren, seine Leistung aktiv „an den Mann oder die Frau bringen", dann ergibt sich eine Reihe von Vorteilen.

Mit aktiver Marktbearbeitung ist gemeint, auch persönlich auf die möglichen Interessenten zuzugehen, um den Verein und seine Produkte und Leistungen vorzustellen. Das kurzfristige Ziel ist dabei, Menschen für den Verein zu begeistern, damit daraus über kurz oder lang Mitgliedschaften entstehen. Dies kann über einen „Außendienst" – ein Instrument, dass für Unternehmen unerlässlich in der Distributionspolitik ist – erfolgen. Das heißt, Führungskräfte des Vereins oder andere fähige Mitglieder besuchen persönlich Haushalte und bringen den Verein „ins Haus". Eine weitere Möglichkeit, die Leistungen direkt zur Zielgruppe zu transportieren ist der Auftritt auf Messen oder Großveranstaltungen. Hier bieten sich lokale Gewerbemessen oder auch Veranstaltungen der Gemeinde oder Stadt an.
Fitness- und Gesundheitsvorträge in Schulen oder Firmen sind ebenso eine Plattform, um speziellen Zielgruppen den Verein näher zu bringen und Mitglieder zu akquirieren.
Selbstverständlich sollten Sie aktive Vertriebsarbeit nur dann leisten, wenn Sie auch tatsächlich eine Erhöhung der Mitgliederzahl wünschen.

Durch die aktive Distribution erzielt der Verein bereits automatisch eine kommunikative Wirkung. Der Bekanntheitsgrad des Vereins und seiner spezifischen Leistungen steigt an.
Durch den aktiven Vertrieb haben Sie auch die Chance, potenzielle Mitglieder kennen zu lernen, deren Meinungen, Wünsche, Vorstellungen aber auch Kritik direkt zu erfahren. Im Rahmen der Distribution kann somit Marktforschung für den Verein betrieben werden. Die Ergebnisse der Kontakte und Gespräche können Sie im Verein in Ihre Produkt- und Preispolitik einfließen lassen, um etwa die vorhandenen Produkte anzupassen oder neue Produkte zu starten.
Nicht zuletzt ist das Image eines Vereins eng verbunden mit den Menschen, die für den Verein stehen. Der aktive Vertrieb bietet die Chance, das Image des Vereins in der gewünschten Richtung zu prägen.

Kommunikationspolitik – kennt man uns wirklich?

Übung: Fremd- oder selbstgesteuert? – Eine Frage der richtigen Einstellung zum Thema Distributionspolitik.

fremdgesteuert	„Die Personen, die an unserem Verein interessiert sind, die kommen schon von selbst zu uns." „Die Leute haben es nicht gern, wenn man vor ihrer Tür auftaucht. Da schaden wir unserem Verein." „Unser Verein ist sowieso bekannt genug."
selbstgesteuert	„Ich überlege mir, auf welchen Veranstaltungen sich unser Verein präsentieren könnte." „Ich prüfe einmal, welche Mitglieder besonders geeignet wären, auf andere Menschen zuzugehen um, für unseren Verein zu werben."

Notieren Sie jetzt, was Sie persönlich zu diesem Thema beitragen können:
➡
➡
➡
➡

6.5 Kommunikationspolitik – kennt man uns wirklich?

*Tue Gutes
und sprich darüber!
(PR-Regel)*

Die Kommunikationspolitik nimmt eine besondere Stellung innerhalb des Marketing-Managements ein. Nicht deshalb, weil diese in den meisten Unternehmen betont wird, sondern weil besonders ein Verein im Hinblick auf Förderer und Sponsoren eine Kommunikationsplattform aufbauen sollte. Sie ermöglicht nämlich den Sponsoren eine werbliche Gegenleistung ihrer investierten Sponsoringmittel.

6 Marketing-Management für einen Verein

Eine professionelle Kommunikationspolitik besteht aus drei Teilstrategien:

- Copy-Strategie: Was wird kommuniziert?
- Kommunikationsmittel-Strategie: Wie wird kommuniziert?
- Kommunikationsträger-Strategie: Wo wird kommuniziert?

Es müssen folglich bei der Entwicklung einer Kommunikationsstrategie für einen Verein vorweg drei grundsätzliche Fragen beantwortet werden. Was wollen wir sagen, mit welchen Mitteln wollen wir es sagen und wo (oder auch wem oder durch wen) wollen wir es sagen?

```
                    Kommunikationsstrategie eines
                            Sportvereins
                                 |
        ┌────────────────────────┼────────────────────────┐
        ▼                        ▼                        ▼
    Copy-              Kommunikations-          Kommunikations-
  Strategie            mittel-Strategie         träger-Strategie
        |                        |                        |
        ▼                        ▼                        ▼
  „Was" muss als         „Wie" – mit            „Wo" wird das
  Kernbotschaft         welchen Werbe-            Werbemittel
  vermittelt werden?    mitteln wird die          platziert bzw.
                          Botschaft             durch wen wird
                        transportiert?            präsentiert?
        |                        |                        |
        ▼                        ▼                        ▼
  • Verbraucher-        • Klassische            • Medienauswahl
    nutzen                Werbung                 (Zeitungen,
  • Glaubhaft-          • persönlicher            Sender)
    machung               Verkauf               • Gebietswahl
  • erzeugte            • Direktwerbung         • Wahl der
    Stimmung            • Öffentlichkeits-        Partner
                          arbeit                • Wahl der
                        • Events                  Projekte
                        • Internet                (Kooperationen)
                        • …                     • …
```

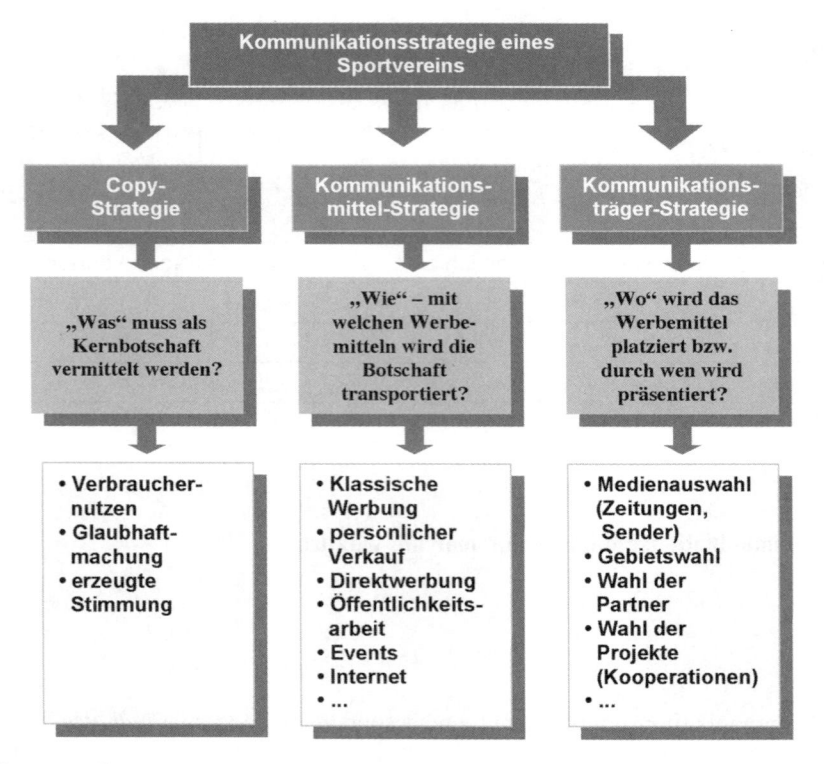

Abb. 10: Aufbau einer Kommunikationsstrategie eines Sportvereins

Copy-Strategie

Die Copy-Strategie, die die Kernbotschaft ausdrücken soll, besteht ihrerseits aus drei Faktoren und stellt die zentrale Teilstrategie innerhalb der gesamten Kommunikationsstrategie dar.
Erstens muss der zentrale Kundennutzen oder in diesem Fall Mitgliedernutzen definiert werden. Dieser Nutzen sollte auch in irgendeiner Form glaubhaft gemacht werden. Wenn zum Beispiel ein Sportverein als zentralen Nutzen die sportpädagogisch ausgerichtete Jugendförderung als Kernbotschaft vertritt, dann ist der Nachweis, dass eine gewisse Anzahl von ausgebildeten Sportpädagogen für die jeweilige Betreuung verantwortlich zeichnen, die entsprechende Glaubhaftmachung. Denken Sie an den alten Marketinggrundsatz: In der Kommunikation nichts versprechen, was in der Umsetzung nicht gehalten werden kann.
Die Festlegung der Stimmung, die mit jeder Botschaft vermittelt werden soll, beschreibt das dritte Element der Copy-Strategie. Mit diesem Faktor wird z.B. die Sprache definiert, mit der werblich kommuniziert wird. Die Stimmung unterstützt die Botschaft emotional. Will zum Beispiel ein Sportverein speziell Teenager ansprechen, dann sollte er auch in der Kommunikation in die Sprach-, Farben- und Formenwelt dieser Zielgruppe eintauchen. Damit der Verein ein klares Profil entwickeln kann, mit dem sich die Mehrheit der Vereinsmitglieder auch identifiziert, sollte eine Kernbotschaft für den gesamten Verein definiert werden, die sich direkt an der Hauptzielsetzung/dem Leitbild (vgl. S. 87) des Vereins orientiert.

Kommunikationsmittel-Strategie

Die Kommunikationsmittel-Strategie legt fest, mit welchen Werbemitteln die Botschaft kommuniziert werden soll. Ein Verein verfügt normalerweise nicht über ein Werbebudget, dass den Einsatz verschiedenster Werbemittel von der Kreation einer Anzeigenkampagne bis zur intensiven Pressearbeit erlaubt. Hier können gezielte Kooperationen geldwerte Vorteile bringen, zum Beispiel mit dem lokalen Radiosender oder den lokalen Printmedien. Bereits in Kapitel 4.11 wurde der Einsatz einer Vereinszeitschrift besprochen. Neben der Funktion als Einnahmequelle ist die Vereinszeitschrift natürlich besonders das Sprachrohr des Vereins nach innen wie nach außen und ein wesentliches Werbemittel. Sie sichert vor allem die Kommunikation nach innen. Die eigenen Mitglieder sind die besten, kostengünstigsten und zudem glaubwürdigsten Werbeträger zugleich. Sie werden als Insider gesehen. Dazu müssen die Mitglieder allerdings auch ausreichend informiert sein und das funktioniert erfahrungsgemäß am besten mittels einer Vereinszeitschrift.

Ein weiteres Werbemittel, das Vereine sehr gut einsetzen können, ist Direktwerbung. Der klassische Werbebrief wird allerdings meistens allein in Form eines Bittbriefs für Spenden eingesetzt. Dabei wäre dieses Mittel eine geeignete Kommunikationslösung, um Haushalte viel öfter direkt anzusprechen: sei es für eine Veranstaltungsankündigung, Kursinformation, Einladung, Mitgliederakquisition etc.

Mit Events sind Veranstaltungen und Aktionen bezeichnet, die dazu dienen, den Verein bekannt und erlebbar zu machen. Events sind besonders geeignet, um potenziellen Interessenten Einblick zu gewähren und die Vereinsarbeit persönlich zu demonstrieren.

Das Internet wird als Werbemittel immer beliebter, da der finanzielle Aufwand dafür im Verhältnis zu den Kommunikationsmöglichkeiten relativ gering ist. So nimmt auch die Zahl der Websites von Vereinen zu. Speziell die jüngeren, mit neuen Medien aufwachsenden Personengruppen nutzen das Internet mit steigender Intensität. Die Website eines Vereins sollte jedoch heutzutage nicht nur die Darstellung des Vereins enthalten, sondern Möglichkeiten bieten, um aktiv mit dem Verein zu kommunizieren. Das geht von der Anmeldemöglichkeit per Internet über die aktuellen Meldungen des Vereinslebens bis hin zum Chat (Internet-basiertes Forum, das die Möglichkeit der Konversation mit anderen Teilnehmern per Tastatur ermöglicht) mit Vereinsmitgliedern, Übungsleitern etc.

Kommunikationsträger-Strategie

Die Kommunikationsträger-Strategie bestimmt, wo die Zielgruppen angesprochen werden sollen. Es geht also um die Medien, die der Verein zur Kommunikation nutzt. Es stellt sich etwa die Frage, in welcher Zeitung eine Werbung geschaltet werden soll oder wo Plakate eingesetzt werden sollen.
Entscheidungskriterien sind natürlich die Gewohnheiten der Zielgruppe, zum Beispiel ihr Leseverhalten, aber auch bereits genannte Messgrößen aus der Mediaplanung wie der TKP (siehe S. 76).
Letztendlich ermöglicht eine durchdachte Kommunikationsmittel-Strategie aufgrund der höheren Effektivität das Sparen von Werbemitteln.

Das Entwickeln einer Kommunikationsstrategie nimmt eine sehr wichtige Funktion im Marketing-Management eines Vereins ein. Die Entwicklungsarbeit, die in diese Aufgabe investiert wird, zahlt sich im Laufe der Zeit mehrfach aus, da in Zukunft effektiv und zielgerichtet kommuniziert wird. Will man potenzielle Sponsoren ge-

Kommunikationspolitik – kennt man uns wirklich?

winnen, dann sollten gerade die Kommunikationsmöglichkeiten sehr gut vorbereitet werden. Genau dieser Bereich interessiert mögliche Sponsoren erfahrungsgemäß am meisten. Das Sponsoring-Engagement kommt für eine Unternehmen meist nur dann infrage, wenn es eine attraktive Kommunikationsplattform des Vereins nutzen kann, auf der das Unternehmen seine Botschaften positionieren kann.

> **Übung:** Fremd- oder selbstgesteuert? – Eine Frage der richtigen Einstellung zum Thema Kommunikationspolitik.

fremdgesteuert
„Wir wollen doch alle ansprechen, nicht nur spezielle Zielgruppen."
„Bande, Trikot und Vereinszeitung – mehr Möglichkeiten für Sponsoren zu werben, gibt es sowieso nicht."
„Warum sollten wir extra werben, man kennt uns doch."

selbstgesteuert
„Ich versuche, die Kernnutzen unseres Vereins in unsere Kommunikation einzuarbeiten."
„Wir machen eine kleine Umfrage in unserem Einzugsgebiet mit der Hilfe von jugendlichen Mitgliedern, um zu erfahren, wie wir in der Bevölkerung wahrgenommen werden."

Notieren Sie jetzt, was Sie persönlich zu diesem Thema beitragen können:
➡
➡
➡
➡

6.6 Menschorientierung

Vereinsmarketing würde nicht ohne Menschorientierung funktionieren. Marketing dient dazu, Menschen etwas zu verkaufen oder sie zu einer Handlung zu bewegen. Hinter jedem Produkt, hinter jeder Dienstleistung steht ein Mensch. Auch die Vereinskommunikation dient dazu, Botschaften von Mensch zu Mensch zu transportieren. Ein Verein lebt von Mitgliedern, Übungsleitern und Funktionären, die das Vereinsleben gestalten. Das „Produkt: Verein" sind die Menschen selbst, die entweder eine Leistung für andere im Verein bieten oder sie in Anspruch nehmen. Das Zusammenspiel dieser Menschen macht das Profil eines Vereins aus. Eine amerikanische Werbeweisheit lautet dazu treffend: „People buy people and not products." Sprich, die Menschen, die hinter dem Produkt stehen, die den Service bieten oder das Produkt nutzen sind von Interesse. Aus diesem Grunde ist es notwendig, die Menschorientierung im Marketing-Management genauer zu betrachten.

Informationsüberflutung

Schon die 90er Jahre galten als Dekade der Entwicklung der Informationsgesellschaft. Diese Entwicklung hat sich bis heute fortgesetzt. Es werden immer mehr Botschaften auf einer steigenden Anzahl von Kommunikationskanälen an jeden Einzelnen abgegeben. Dies stellt einerseits eine zweifellos große Chance dar, andererseits steigt auch die Gefahr der Überlastung und der Orientierungslosigkeit. Der Durchschnittskonsument empfängt täglich Tausende von Werbebotschaften. Der bewusste Teil unseres Gehirns kann das nicht alles aufnehmen, sondern filtert den Großteil aus. Das Unterbewusstsein dagegen nimmt jede wahrgenommene Information auf und speichert sie.
Auch die Botschaften eines Vereins sind in dieser Informationsflut enthalten. Dies betrifft die internen Botschaften für die Mitglieder sowie die nach außen gerichteten Botschaften. Betreibt ein Verein keine konsequente und klare Kommunikation nach außen, dann haben zum Beispiel kommerzielle Wettbewerber, die meist mit hohem Werbevolumen auftreten, eher eine Chance, in das Bewusstsein der Zielgruppe vorzudringen, als dies der Verein vermag. Steht ein Verbraucher dann einmal vor der Entscheidung, zum Beispiel etwas für seine Gesundheit tun zu wollen, dann taucht der Wettbewerber als erste Erinnerung auf und damit hat die von ihm angebotene Leistung eine größere Chance konsumiert zu werden.

Wie kann sich nun ein Verein trotz geringer finanzieller Mittel in das Bewusstsein seiner Zielgruppen bringen? Eine Möglichkeit bietet die konsequente Anwendung der Werberegel AIDA. Die Qualität und vor allem die Effektivität der Kommunikation verbessern sich merklich, wenn jeder kommunikative Auftritt nach diesem Phasenablauf gestaltet wird.

Die AIDA-Regel

AIDA ist ein engl. Akronym für die Kommunikationsphasen „Attention", „Interest", „Desire" und „Action". Überträgt man diese Bezeichnungen ins Deutsche, dann ergibt sich folgender Phasenablauf:

```
AIDA-Regel

„Attention"
Aufmerksamkeit erregen
        ↓
„Interest"
Neugier erzeugen
        ↓
„Desire"
Wunsch wecken
        ↓
„Action"
Zur Handlung auffordern
```

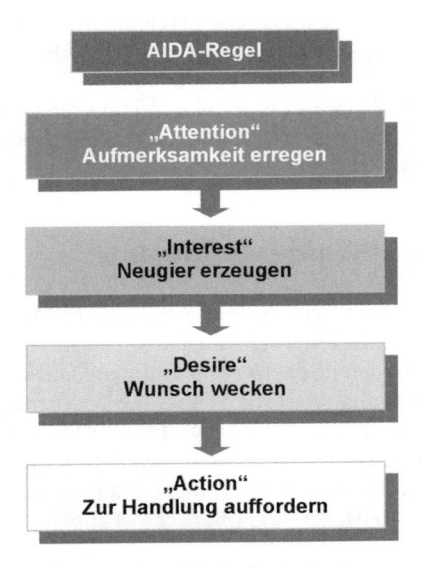

Abb. 11: Kommunikationsphasen einer Werbebotschaft

Der in der Abbildung gezeigte Phasenablauf sollte grundsätzlich konsequent für jede Kommunikation des Vereins angewandt werden. Sei es in der Vereinszeitschrift, in der Zeitungsanzeige oder im persönlichen Informationsgespräch durch einen Verantwortlichen des Vereins.

Zunächst muss die Aufmerksamkeit erregt werden. Bei Printmedien geschieht das erfahrungsgemäß mit einer attraktiven Bildsprache oder einer Headline. Hier hat so mancher Traditionsverein gehörigen Nachholbedarf, vor allem wenn er junge Zielgruppen begeistern möchte. Solange die Aufmerksamkeit der Zielperson nicht erreicht ist, kann keine Botschaft vermittelt werden. Die Art der Aufmerksamkeitswecker sollte allerdings inhaltlich mit der Botschaft zusammenhängen und nicht nur der Auffälligkeit dienen. Wenn ein werblicher Auftritt nur auffällt, dann wird zwar der Bekanntheitsgrad gesteigert, aber die entscheidende Frage ist: Für welche Botschaft?

Im zweiten Schritt sollen Neugier und Interesse erzeugt werden – natürlich am angebotenen Produkt oder einer Dienstleistung. Eine Möglichkeit ist hier, ein Defizit oder eine Problemsituation der angesprochenen Zielgruppe aufzugreifen.

Die dritte Phase stellt dann genau die Lösung für das vorher aufgezeigte Problem oder Bedürfnis dar. Damit soll der Wunsch – etwa nach einer Mitgliedschaft im Verein – geweckt werden. Sobald dies erreicht ist, darf nicht fehlen, was der Empfänger nun zu tun hat, um sich den Wunsch zu erfüllen.

Somit schließt die vierte Phase mit einer klaren Handlungsaufforderung ab. Hoffen Sie nicht in Ihren Botschaften darauf, dass der Verbraucher selbst weiß, was zu tun ist – teilen Sie ihm dies klar mit.

Die Grundbedürfnisse des Menschen nach W. Martin

Eine Menschorientierung erreicht der Verein in seinem Marketing-Konzept nur bei Beachtung der Bedürfnisse des Menschen. Denn nur wenn Bedürfnisse angesprochen, respektive befriedigt werden können, dann kann ein Marketingprozess funktionieren. In diesem Zusammenhang wurde bereits die Bedürfnispyramide von Maslow vorgestellt. Ein weiteres Modell, das von William B. Martin entwickelt wurde, soll hier speziell die Möglichkeiten aufzeigen, die Menschorientierung in jedes Instrument des Marketing-Konzeptes einfließen zu lassen. Martin definiert vier Grundbedürfnisse des Menschen wie folgt:

- Das Bedürfnis, willkommen zu sein.
- Das Bedürfnis, verstanden zu werden.
- Das Bedürfnis, wichtig zu sein.
- Das Bedürfnis nach Komfort.

Jeder Mensch möchte willkommen sein. Begrüßungen sind kulturell gesehen zwar völlig unterschiedlich, aber sie haben eines gemeinsam, das Gefühl des Willkommenseins zu vermitteln. Je persönlicher die Begrüßung ausfällt, umso stärker ist die positive Wirkung. Die Befriedigung dieses Bedürfnisses im Verein scheint selbstverständlich und nicht erwähnenswert zu sein. Doch welcher Übungsleiter begrüßt schon seine Kursteilnehmer persönlich mit Handschlag zu jedem Training oder welcher Vorstand begrüßt schriftlich jedes Neumitglied persönlich? Ganz zu schweigen von einem persönlichen Willkommensgespräch per Telefon. Zieht sich ein durchgängiges Willkommensverhalten durch den gesamten Verein und wird es damit ein Teil der Vereinskultur, dann steigert dies die positive Innen-, aber auch Außenwirkung des Vereins. Je gastfreundlicher ein Sportverein erscheint, desto positiver ist sein Image und desto attraktiver wird er für Mitglieder, Interessenten und auch Sponsoren.

Das Bedürfnis, verstanden zu werden, kommt insbesondere bei Reklamationen und Kritik zum Tragen. Erst in der Krise zeigt sich die Qualität einer Beziehung. Ob es die Beziehung des Mitglieds zum Vorstand oder die Beziehung der Übungsleiter zu den Funktionären ist, jeder möchte in seinem Anliegen verstanden werden. Es gibt dafür eine sehr einfache Verhaltensregel: ausreden lassen, aktiv zuhören und Fragen stellen. Optimal ist, wenn Sie auch eine passende Lösung bieten können. Emotional gesehen ist jedoch in erster Linie das Gehörtwerden schon ein Teil der Bedürfnisbefriedigung. Aus diesem Grunde sollten Reklamationen sehr ernst genommen werden. Reklamationen bieten die Möglichkeit, die eigenen Produkte oder den Service im Sinne der Mitglieder zu verbessern. Glaubt man Studien zur Reklamationsbehandlung und Kundenorientierung, dann beschwert sich maximal nur jede zehnte Person, die eine negative Kundenerfahrung gemacht hat, beim Urheber des Missstandes, die große Mehrheit tut dies an anderer Stelle. Im schlimmsten Fall sucht sie die gewünschte Leistung bei einem anderen Anbieter.

Das Bedürfnis, wichtig zu sein, ist eng verknüpft mit den beiden schon besprochenen Grundbedürfnissen. Sich wichtig fühlen heißt, individuell behandelt zu werden, einen besonderen Service zu genießen oder auch um Hilfe gebeten zu werden. Vereinsvorstände, die es verstehen, Mitgliedern Wichtigkeit zu vermitteln, haben erfahrungsgemäß auch wenig Probleme, ehrenamtliche Unterstützung zu erhalten.

Das Bedürfnis nach Komfort hat zwei Dimensionen. Zunächst bezieht sich Komfort auf die rein physische Seite. Der Mensch, sei es aus Bequemlichkeit oder gelernter Konsumhaltung genießt gern Komfort. Komfort im Sportverein hat mit der Erreichbarkeit oder Ausstattung der Vereinsräume (z.B. ausreichend Parkplätze) oder mit dem Angebot einer Vereinsgaststätte usw. zu tun.
Die zweite Seite des Komforts bezieht sich auf den geistigen Komfort. Ein Mitglied möchte schnell und einfach verstehen, was der Verein bietet und wie er diese Leistung in Anspruch nehmen kann. Komplizierte Aufnahmeverfahren oder mangelnde Übersichtlichkeit der angebotenen Leistungen beispielsweise unterstützen diese Seite des gewünschten Komforts nicht. Hier greifen Produktpolitik, Kommunikationspolitik und Menschorientierung ineinander.

6 Marketing-Management für einen Verein

Die Befriedigung dieser Grundbedürfnisse gilt nicht nur für Mitglieder oder Interessenten, sondern genauso für Übungsleiter, Vorstandsmitglieder, Vereinsfunktionäre, Sponsoren, Förderer und Andere.

Die Menschorientierung des Vereins ist eng verbunden mit dem letzten „P" innerhalb des Marketing-Konzepts – der Peripherie. Schließlich lebt ein Verein von der Einbindung in das gesellschaftliche Geflecht der Gemeinde, Stadt oder Region. Im folgenden Abschnitt soll deshalb das sechste „P", die Peripherie in einem Marketing-Konzept betrachtet werden.

Übung: Fremd- oder selbstgesteuert? – Eine Frage der richtigen Einstellung zum Thema Menschorientierung.

fremdgesteuert
- „Dass man Menschen begrüßt, braucht man doch nicht extra zu erwähnen."
- „Jeder Vereinsverantwortliche kümmert sich doch automatisch auf seine Art um die Mitglieder."
- „Wie man mit Mitgliedern umgeht, muss jeder selbst wissen."

selbstgesteuert
- „Ich versuche jedem das Gefühl zu geben, dass er willkommen ist, verstanden wird, wichtig ist und Komfort verspürt."
- „Wir werden pragmatische Verhaltensregeln für Trainer, Betreuer und Funktionäre in unserem Marketing-Konzept vereinbaren."
- „Ich betone ab jetzt, dass jede Person im Verein wichtig ist."

Notieren Sie jetzt, was Sie persönlich zu diesem Thema beitragen können:
➡
➡
➡
➡

6.7 Peripherie

Mit der Peripherie sind Schnittstellen mit anderen Bereichen des Vereins (z.b. die kaufmännische Organisation, die Personalpolitik, das Kostenmanagement) und zur externen Umwelt gemeint. Insbesondere spielen hier Überlegungen zu Kooperationen eine Rolle.
Kooperationen bieten geldwerte Vorteile. Durch gezielte Kooperationen können spezielle Zielgruppen vom Verein direkt angesprochen werden (z.b. Partnerschaften mit Schulen) und zusätzlich kann die gesellschaftliche Verantwortung eines eingetragenen Vereins demonstriert werden (z.b. Integration von Ausländern). Der Aufbau eines aktiven Netzwerks an Kooperationspartnern unterstützt zudem die Möglichkeiten der Einflussnahme bei lokalen gesellschaftlichen, wirtschaftlichen und politischen Entscheidungen. Folgende Kooperationen sind grundsätzlich möglich:

- Partnerschaft mit Schulen
- Partnerschaft mit Unternehmen
- Partnerschaft mit sozialen Einrichtungen
- Partnerschaft mit politischen Gremien

Partnerschaften mit Schulen

Partnerschaften mit Schulen werden insbesondere mit Sportvereinen in einigen Bundesländern bereits seit Jahren angestrebt und forciert. So genannte Sportarbeitsgemeinschaften und viele Projekte zeigen diese Entwicklung. So waren 1998 in Baden-Württemberg bereits über 5.000 und in Bayern über 1.500 Sportarbeitsgemeinschaften zu diesem Thema aktiv. Der Bayerische Landessportverband organisiert und fördert z.b. seit Jahren Themenprojekte wie „Dem Talent eine Chance" oder „Schule und Verein".
Dies scheint auch dringend notwendig, da die wöchentliche Stundenzahl, die für Sport zur Verfügung steht, immer weiter reduziert wird. Waren es ohnehin schon nicht viele Stunden, die für sportpädagogische Inhalte zur Verfügung gestellt wurden, so wird im Rahmen der Diskussion um die PISA-Bildungsstudie der Schulsport weiter zurückgedrängt.
Dabei entsteht durch die Einschränkung des natürlichen Bewegungsdrangs bei Kindern nicht nur eine Verschlechterung der Physis, sondern in Bezug auf geistige Leistungsfähigkeit passiert genau das Gegenteil – es verringert sich die Konzentrationsfähigkeit. Die bloße Repräsentanz von Sportvereinen neben Schulen löst dieses Problem nicht. Denn dies erreicht nur die an Sport interessierten Kinder. Eine stärkere Kooperation und mehr Projekte sind nötig. Leider scheitert dies manchmal an der Einstellung der Vereinsverantwortlichen, die sich teilweise als „Lücken-

büßer" für die Versäumnisse in den Schulen sehen. Sie sehen in erster Linie, dass sie Übungsleiter zur Verfügung stellen sollen, wo sie das Personal doch selbst am nötigsten bräuchten. Dies ist also nicht der beste Ansatz für eine Partnerschaft zwischen Verein und Schule.

Auch für eine Partnerschaft gilt der Grundsatz von Nutzen und Gegennutzen. Folgende Vorteile können Verein und Schule aus der Partnerschaft genießen:

- Stetige Möglichkeit der aktiven Rekrutierung junger Mitglieder für den Verein
- Direkter Kontakt zu jungen Zielgruppen
  positive Imageeffekte aufgrund des Engagements für Kinder und Jugendliche (Damit wird auch der Wert einer Mitgliedschaft gesteigert. Das Ehrenamt bringt ein lokal höheres Ansehen und gewinnt damit an Attraktivität.) und damit größeres Interesse von Förderern und Sponsoren
- Erhöhte Wahrscheinlichkeit von Zuschüssen durch die Zusammenarbeit von Verein und Schule, da lokal- und verbandspolitisch gesehen solche Partnerschaften Mehrfachnutzen bringen und somit „förderungswürdiger" sind
- Aktiver Wissenstransfer zwischen Fachleuten (z.B. Sportpädagogen und Übungsleiter) zur Verbesserung der Qualität der Lehrinhalte in Schule und Verein
- Gemeinsame effektive Nutzung technischer Ressourcen
- Gemeinsame Gestaltung von Veranstaltungen

Dies ist nur eine Auswahl von Vorteilen, die beliebig erweiterbar ist. Als Voraussetzung für eine beiderseitig nutzbare Partnerschaft ist ein konzeptionelles Vorgehen notwendig. Zwischen den Verantwortlichen der Schule und des Vereins sollte eine schriftliche Vereinbarung getroffen werden, die die gemeinsame Zielrichtung, die Vorgehensweise, aber auch den jeweiligen Nutzen für beiden Seiten beschreibt. Die Details der Vereinbarung sollte von den verantwortlichen Umsetzern gemeinsam entwickelt werden, um von Anfang an eine hohe Identifikation bei beiden Partnern zu erreichen.

Partnerschaften mit Unternehmen

Echte Partnerschaften mit Unternehmen werden meist auf einem Sponsorship basieren. Sie müssen es aber nicht unbedingt, denn es gibt auch die Möglichkeit der partnerschaftlichen Zusammenarbeit im Rahmen einzelner Veranstaltungen oder Aktionen, die eher kurzfristiger Natur sind. Sie können dann im günstigsten Fall in einem Sponsoringengagement des Unternehmens münden. Auch hier geht es um Nutzen und Gegennutzen. Dies zeigt wie beim Sponsoring den Unterschied zum reinen Mäzenatentum.

> **✗ Beispiel:**
>
> Der Sportverein „Trimm dich e.V." leistete Unterstützung bei der Ausrichtung eines Betriebssportfestes eines lokalen Unternehmens. Auf Basis der ersten erfolgreichen Zusammenarbeit ergaben sich weitere gemeinsame Projekte:
>
> - Zur Gesundheitsvorsorge für seine Mitarbeiter lässt das Unternehmen Kurse und Ausbildungen zur Prävention von Krankheiten durch Fachleute des Sportvereins im Betrieb durchführen (Rückenschule, autogenes Training).
> - Das Unternehmen animiert durch subventionierte Mitglieds- oder Kursbeiträge seine Mitarbeiter zu einer vorbeugenden sportlichen Betätigung und beugt damit hohen Ausfallzeiten durch Krankheit vor.
> - Fachleute des Vereins fungieren als Berater im Unternehmen zu den Themen „ergonomischer Arbeitsplatz", „wirbelsäulengerechtes Arbeitsverhalten" und „gesunde Ernährung im Betrieb".
> - Der „Trimm dich e.V." organisiert als outgesourcte (Auslagern von Abteilungen) Betriebssportabteilung den Betriebssport komplett.

Die Gegenleistung des betreffenden Unternehmens wird meist finanzielle Unterstützung sein. Es sind jedoch ebenso Gegenleistungen in Form von organisatorischer Unterstützung (z.B. Projektmanagement, Manpower etc.), Sachleistungen (z.B. Baumaterial, Maschinen etc.) oder spezieller Dienstleistungen (z.B. Steuerberatung, Rechtsvertretung, Werbegrafik etc.) möglich.

Auch das Unternehmen kann dem Verein eine Kommunikationsplattform bieten, um im Unternehmen Vereinsangebote und -informationen zu platzieren oder Mitglieder zu werben.

Partnerschaften mit sozialen Einrichtungen

Auch eine Partnerschaft mit sozialen Einrichtungen wie Arbeitsvermittlungen, karitativen Einrichtungen, Jugendämtern oder Ähnliches ist denkbar. Das beginnt bei der kostenlosen Überlassung von Arbeitskräften bis hin zur Finanzierung von speziellen Förderkursen (z.B. Resozialisierungsmaßnahmen von auffälligen Jugendlichen, Behindertensport etc.). Dieses Betätigungsfeld setzt jedoch bestimmte fachliche und auch zeitliche Rahmenfaktoren voraus, die nicht jeder Verein grundsätzlich leisten kann oder will.
Eine Zusammenarbeit mit sozialen Einrichtungen wirkt sich besonders positiv auf das Image eines Vereins aus.

Partnerschaften mit politischen Gremien

Die Partnerschaft mit politischen Gremien ist ein sensibles Feld, das genau bedacht werden sollte. Denn je nachdem wie die politische Richtung der lokalen Mehrheit ist, kann sich eine offizielle Partnerschaft auch durchaus negativ auf den Verein auswirken. Grundsätzlich sollte ein Verein daher Kontakt zu jeder und nicht allein zu ausgewählten Parteien halten. Aber Vorsicht: Öffentlich sollte sich der Verein politisch neutral verhalten.

> **X Beispiel:**
> Ein Sportverein pflegt seine Beziehung zu allen lokal vertretenen Parteien mit einer öffentlichen sportpolitischen Veranstaltung, auf der alle parteilichen Richtungen die Möglichkeit zum fachlichen Beitrag haben.

Dies stellt eine Art der lobbyistischen Arbeit dar, die den Verein in der lokalen Gemeinschaft als Fachpartner positionieren soll. Damit kann sich ein Verein als wichtiges Mitglied in der jeweiligen Kommune profilieren.

Übung: Fremd- oder selbstgesteuert? – Eine Frage der richtigen Einstellung zum Thema Partnerschaften.

fremdgesteuert
„Bei Kooperationen muss man sich automatisch an den Wünschen der Partner orientieren."
„Partnerschaften bergen oftmals aufgrund unterschiedlicher Ausrichtungen viel Ärger in sich."
„Bei Partnerschaften belasten oftmals die Verpflichtungen."

selbstgesteuert
„Ich werde unser lokales Umfeld nach Möglichkeiten für Nutzen stiftende Partnerschaften analysieren."
„Ich schreibe auf, was ich mir von einem Partner wünsche."
„Ich überlege mir, was wir einem künftigen Partner bieten können und entwickle ein Konzept daraus."

Notieren Sie jetzt, was Sie persönlich zu diesem Thema beitragen können:
➡
➡
➡
➡

6.8 Praxisbeispiel für das Marketing-Konzept eines Vereins

Die Teile des Marketing-Konzepts haben Sie nun kennen gelernt. Das folgende Beispiel zeigt ein komplettes Marketing-Konzept eines Sportvereins. Anhand dieses Beispiels können Sie ein Konzept für Ihren Verein aufstellen. Es besteht aus:

- Zielsetzung
- Maßnahmen im Rahmen der sechs „P"
- Extrablatt Kommunikationsstrategie
- Projektplan zur Umsetzung

Nehmen Sie diese Übersicht als Vorlage und füllen Sie diese mit Ihren eigenen Inhalten. Damit Sie Ihre eigenen Inhalte Schritt für Schritt definieren können, folgt dem Beispiel eine Checkliste.

In der Praxis hat sich diese grafische Aufbereitung sehr bewährt, da Sie so Ihr Konzept ständig vor Augen haben. Darüber hinaus können Sie damit das Marketing-Konzept Ihres Vereins sehr viel anschaulicher Menschen präsentieren, die normalerweise mit dieser Thematik wenig zu tun haben. Für die Umsetzung Ihrer Strategie ist es auch von immenser Bedeutung, dass sie von den Mitstreitern verstanden, mitgetragen und gelebt werden kann.
Sie sollten die fertige Übersicht auch an einen zentralen Platz an die Wand hängen, z.B. im Vereinsbüro. Immer wenn neue Entscheidungen über Strategien oder werbliches Auftreten entstehen, sollten Sie anhand Ihres Marketing-Konzepts überprüfen, ob Sie auf Kurs sind.
Denken Sie noch einmal daran: Herkömmliche Konzepte verschwinden oft in der berühmten Schublade, ungeachtet ob sie gut oder schlecht sind. Nach dem einmaligen Lesen werden sie selten mehrmals gelesen. Ein Konzept ist aber nur dann etwas wert, wenn es unablässig zur Hand genommen wird, um die Vorgehensweise zu überprüfen und zu steuern.
Aus diesem Grund sollten Sie Ihr Marketing-Konzept immer „vor Augen haben". Zusätzlich sollte jede Person, die mit der Umsetzung des Konzepts zu tun hat, eine persönliche Übersicht erhalten.

Praxisbeispiel für das Marketing-Konzept eines Vereins 117

Vereinsmarketing-Strategie-Übersicht

Markt: Wir bewegen uns auf dem regionalen Markt mit einem Einzugsgebiet von 10 km.

Vereinsleitbild:
Wir wollen bis 2xxx der größte und interessanteste Sportverein im Umkreis von 15 km werden.

Zielgruppe
Menschen jeder Altersgruppe die Spaß am Sport und gemeinsamen Aktivitäten haben.

Konkurrenz:
- Turnverein „XY"
- Fitness-Studio „MOVE"

Vereinsslogan: „Sei dabei"

Unser Positionierungsziel:
Unser Verein ist bekannt für ein innovatives und qualitativ hochwertiges Sportangebot.

Unsere wichtigsten Mitgliedernutzen sind:
- qualifizierte Übungsleiter
- großes Sportangebot
- zahlreiche Veranstaltungen
- motivierte Ehrenamtliche

Unsere Kernkompetenz

Abgeleitete Marketingziele

Produkt	Preis	Distribution	Kommunikation	Menschorientierung	Peripherie
- hohe Produktqualität - sehr gute Sortimentsbreite und -tiefe bei den Trainingsmöglichkeiten - Mitgliederanzahl steigern auf 1000	- mittelpreisig - Kosten-Nutzen-Effekt - „den Preis wert sein"	- Vertrieb über einen Außendienst - Vertrieb über Messen und Großveranstaltungen	- einheitliches und professionelles Auftreten in der Öffentlichkeit - festgeschriebene Kommunikationsstrategie	- Trainer, Betreuer und Funktionäre verschreiben sich der Vereinsphilosophie - motivierte und zuverlässige Ehrenamtliche	- reibungslose interne Abläufe und Informationsflüsse - Kooperationen zur Verbesserung des Vereinsangebots

© TCD

6 Marketing-Management für einen Verein

Vereinsmarketing-Strategie-Übersicht

Maßnahmen

	1. Produkt	2. Preis	3. Distribution	4. Kommunikation	5. Menschorientierung	6. Peripherie
Kurzfristige	1.1. Einführung eines Karatekurses für Anfänger 1.2. Einführung eines Selbstverteidigungskurses für Frauen 1.3. Fortbildung der Übungsleiter der Sparte „Fußball"	2.1. Kosten-Nutzen-Darstellung	3.1. Suchen von Ehrenamtlichen, die den Außendienst übernehmen 3.2. Schulung des Außendienstes	4.1. Entwicklung von Handzetteln und Plakaten für den Karatekurs für Anfänger 4.2. Entwicklung von Handzetteln und Plakaten für den Selbstverteidigungskurs für Frauen	5.1. Lückenlose Versorgung von Trainern, Betreuern und Funktionären mit Informationen 5.2. Liste erstellen mit allen Geburtstagen sämtlicher Ehrenamtlichen	6.1. Einführung von Postfächern zur Infoweitergabe 6.2. Erstellung einer Liste für mögliche Kooperationen
Mittelfristige	1.4. Erweiterung unseres Sportangebotes um die Sparte „Tischtennis" 1.5. Fortbildung aller Übungsleiter der Sparten „Volleyball" und „Handball"	2.2. Einführung von Beitragsstaffeln für Schüler, Studenten und Rentner	3.3. Liste erstellen sämtlicher Messen und Großveranstaltungen im Umkreis von 15 km 3.4. Suchen von Ehrenamtlichen oder Mitgliedern für Veranstaltungen, um neue Mitglieder zu werben	4.3. Erstellung einer Homepage 4.4. Entwicklung einer Anzeigenkampagne zu Einführung der Sparte „Tischtennis" 4.5. Öffentlichkeitsarbeit, z.B. durch redaktionelle Beiträge	5.3. Grillfeier für alle Trainer, Betreuer und Funktionäre	6.3. Kooperationsmodelle erarbeiten und den eventuellen Partnern vorstellen
Langfristige	1.6. Einführung von Kursen am Vormittag 1.7. Neugestaltung und Renovierung der Sanitärräume	2.3. Entwicklung neuer Mitgliedschaftsmodelle	3.5. Entwicklung und Bau eines kleinen Info-Standes für Messen und Großveranstaltungen	4.6. Entwicklung und Einführung einer eigenen Vereinszeitschrift, die monatlich erscheint		

Praxisbeispiel für das Marketing-Konzept eines Vereins **119**

Vereinsmarketing-Strategie-Übersicht

Kommunikationsstrategie

Markt: Wir bewegen uns auf dem regionalen Markt mit einem Einzugsgebiet von 10 km.

Zielgruppe: Menschen jeder Altersgruppe, die Spaß am Sport und gemeinsamen Aktivitäten haben.

Vereinsslogan: „Sei dabei"

Unser Kommunikationsziel:
Wir wollen in einem Umkreis von 15 km unseren Bekanntheitsgrad steigern.

Copy-Strategie

Verbrauchernutzen:
- qualifizierte Übungsleiter, dadurch ist immer eine optimale Betreuung gegeben
- großes Sportangebot

Glaubhaftmachung:
- durch Hinweise auf neue Fort- und Weiterbildungsmaßnahmen der einzelnen Trainer
- Einführung von neuen und innovativen Kursen

Stimmung:
- professionell, menschorientiert und herzlich
- jedem wird das Gefühl gegeben, willkommen zu sein

Werbemittel-/Werbeträgerstrategie (Kommunikationsmix)

Annoncen	**Prospekte/Broschüren**	**Direktwerbung**
Anzeigenkampagne, z.B. bei Einführung einer neuen Sparte	Vereinszeitschrift	Werbebriefe um z.B. den Haushalten neue Kurse vorzustellen

Klassische Werbung

Plakate/Außenwerbung	**TV-/Funk-Spots**	**Internet**
Entwicklung bei der Einführung von neuen Kursen oder neuen Trainingszeiten	Nicht geeignet, da kein Lokalradio oder -fernsehen vorhanden	Erstellung einer Homepage

Messen	**Events**	
Besuch von regionalen Messen zur Mitgliedergewinnung	Besuch von Großveranstaltungen zur Mitgliedergewinnung	
Öffentlichkeitsarbeit (PR)	**Verkaufsförd. / POS / AD**	
Redaktionelle Beiträge bei Turnieren oder Veranstaltungen	Geschulter Außendienst zur Mitgliedergewinnung	

6 Marketing-Management für einen Verein

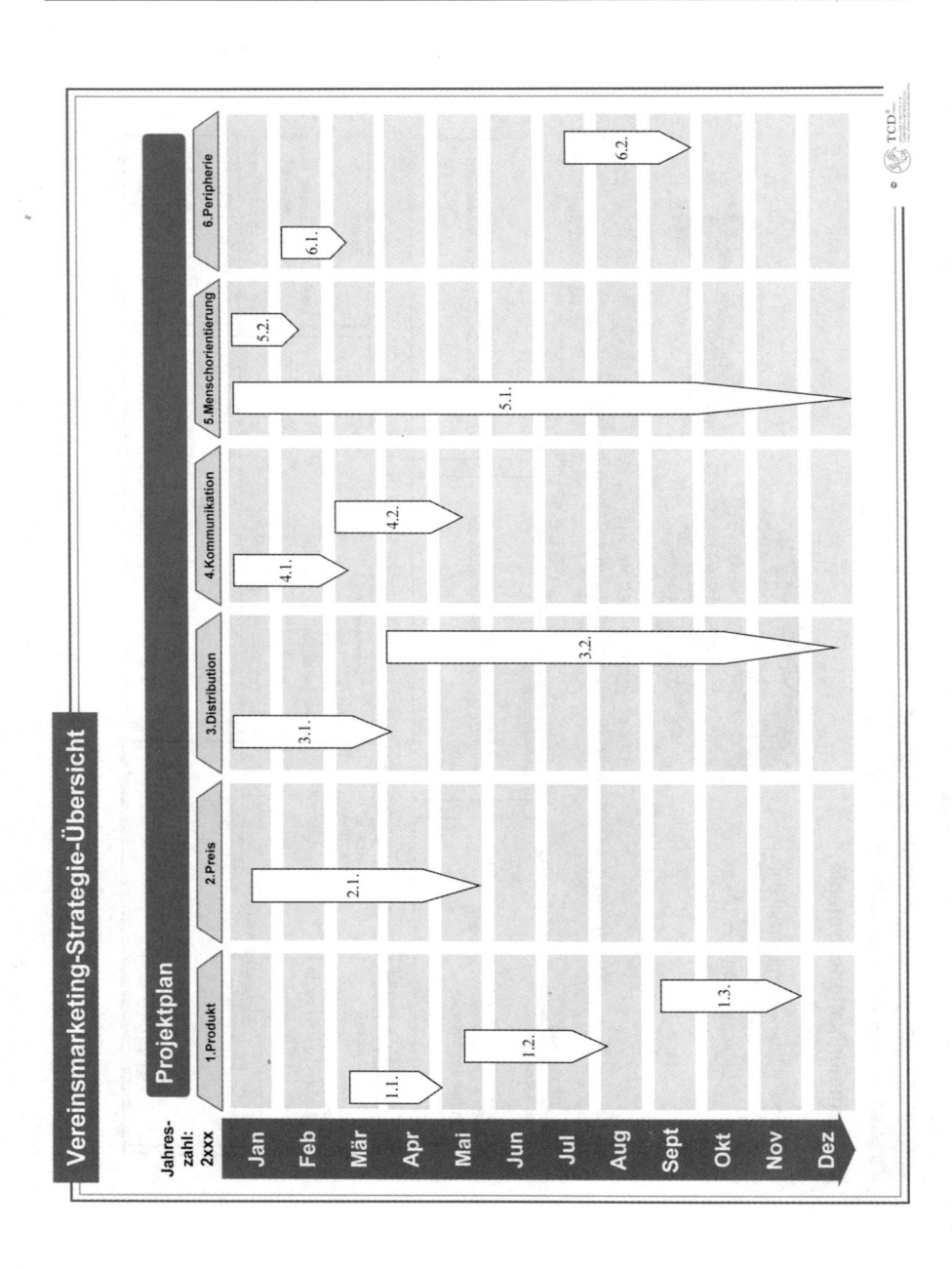

✔ Checkliste: Erstellung Ihres Marketing-Konzepts

Vereinsleitbild
Versuchen Sie das Leitbild in einem Satz zu beschreiben: Wie sollte Ihr Verein in der Zukunft aussehen, wenn alles so klappen würde, wie Sie es sich erträumen?

Zielgruppe
Konzentrieren Sie sich auf Ihre Mitglieder und Ihre zukünftigen Mitglieder, denen Sie den größten individuellen Nutzen bieten können.

Positionierungsziel
Formulieren Sie am besten mit einem Satz, wofür Ihr Verein bekannt ist und wie Ihr Verein in der Öffentlichkeit gesehen wird.

Wichtigster Mitgliedernutzen
Dies sind die Punkte, die Ihre Stärken charakterisieren, genau auf die Zielgruppe abgestimmt sind und Ihre Leistungen zu denen des Wettbewerbs abgrenzen. Es sollten maximal sieben Punkte sein, möglichst aber weniger. Diese Punkte müssen nun im Verein gelebt und nach außen gegenüber der Öffentlichkeit transparent gemacht werden.

Kernkompetenz
Der Punkt, der Ihnen am wichtigsten erscheint, ist die so genannte Kernkompetenz. Sie spielt in der weiteren Vorgehensweise die größte Rolle und sollte immer herausgestellt werden.

Abgeleitete Marketingziele
Hier listen Sie die abgeleiteten Ziele der einzelnen „P's" auf: Produkt, Preis, Distribution, Kommunikation, Menschorientierung und Peripherie – bezogen auf die Kernkompetenz.

Maßnahmen
Schreiben Sie nun Maßnahmen auf, die Sie zur Umsetzung im Verein durchführen möchten, um die oben formulierten Ziele in den einzelnen Bereichen zu erreichen. Teilen Sie die Maßnahmen in kurzfristige (ca. 1 Jahr), mittelfristige (ca. 2–3 Jahre) und langfristige (ca. 5 Jahre) auf.

Kommunikationsstrategie
Die Sonderstellung der Kommunikationsstrategie zeigen Sie mit einem Extrablatt. Ausgangspunkt ist die Copystrategie, an der sich alle Kommunikationsmaßnahmen auszurichten haben. Legen Sie fest „WAS" Sie „WIE" und „WO" kommunizieren wollen.

7 Wo kann man Ausgaben sparen, ohne Leistungen zu kürzen?

Bisher standen die klassischen Einnahmequellen und die Steigerung der Einnahmen durch Marketing im Mittelpunkt. Die Finanzlage eines Vereins lässt sich neben der Stärkung der Einnahmenseite auch durch Sparmaßnahmen auf der Ausgabenseite verbessern. Ansätze dazu bietet dieses Kapitel.

7.1 Zivildienststellen im Personal

Eine Lösung zur Entlastung der Personalausgaben ist das Einbinden von Zivildienstleistenden in die Vereinsarbeit. Zivildienstleistende können kostenlos als Personal gestellt werden. Grundlage ist das Zivildienstgesetz.

Hat Ihr Verein Bereiche, die der intensiven sozialen Betreuung bedürfen, dann lohnt sich die Anfrage beim Bundesamt für Zivildienst in Köln (Adresse im Anhang). Voraussetzung ist die Anerkennung einer Beschäftigungsstelle als Zivildienst bei diesem Amt. Da der Zivildienst über eine festgelegte Zeit geleistet werden muss, hat ein Vereinsvorstand auch ein gewisse Planungssicherheit in Bezug auf Finanzen und Personal. Nutzen Sie diese Möglichkeit solange es geht, denn es sind aktuell Pläne zur Abschaffung oder zumindest starken Einschränkung des Zivildienstes im Gespräch. Da sich die rechtlichen Bedingungen für den Zivildienst momentan verändern, verweise ich auf die jeweils aktuellen Informationen zu diesem Thema. Beispielsweise bieten Ihnen folgende Websites interessante Informationen dazu:

http://www.zivildienst.de
http://www.zivi.org

7 Wo kann man Ausgaben sparen, ohne Leistungen zu kürzen?

Übung: Fremd- oder selbstgesteuert? – Eine Frage der richtigen Einstellung zum Thema Zivildienststellen.

fremdgesteuert
„Zivildienst wird doch nur in Pflegebereichen durchgeführt."
„Wir sind doch kein Altenheim."
„Was soll uns das groß bringen?"
„Das glaube ich nicht, dass wir da Unterstützung erhalten."
„Der Antrag ist wahrscheinlich ziemlich aufwändig."

selbstgesteuert
„Ich überlege mir, welchen sozial interessanten Bereich wir mit unserem Verein bedienen."
„Ich informiere mich bei den betreffenden Stellen, ob es eine Möglichkeit gibt, einen Zivildienstleistenden als Personal einzubinden."

Notieren Sie jetzt, was Sie persönlich zu diesem Thema beitragen können:
➡
➡
➡
➡

7.2 Attraktive Dienstleistungen durch Studenten

Es gibt eine ganze Reihe von Studiengängen an Universitäten, Fachhochschulen, aber auch speziellen Fachschulen, die Praktika verlangen. Mit einem Praktikanten können Sie im Verein eine Reihe von Projekten und Maßnahmen realisieren, für die sonst keine Kapazitäten vorhanden sind. Interessant sind Studenten von sozialen, pädagogischen, psychologischen, medizinischen oder sportpädagogischen Studiengängen. Darüber hinaus müssen in den meisten Studiengängen Abschlussarbeiten geschrieben werden. Warum sollte nicht beispielsweise ein Sportstudent eine für Sie verwendbare Untersuchung zum Thema „Gesundheitssport" oder „Seniorenfitness" durchführen? Auch für Studenten wirtschaftlicher und juristischer Studiengänge gibt es eine Reihe von Möglichkeiten einer Projektmitarbeit.

Auf diese Art und Weise können Sie geldwerte Leistungen, wie z.b. eine regionale Vereinsimageanalyse, eine Wettbewerbsanalyse oder ein Sponsoringkonzept erhalten. Sie treiben somit die Profilierung Ihres Vereins voran, im günstigsten Fall ohne finanzielle Mittel einzusetzen oder aber mit einem relativ niedrigen finanziellen Aufwand für eine Praktikantenvergütung.

Das Einzige was Sie tun müssen, ist auf die Ansprechpartner an den Bildungseinrichtungen zuzugehen. An den Hochschulen sind es die Professoren der jeweiligen Studiengänge oder natürlich die Studenten selbst. Sie können auch vor Ort am „Schwarzen Brett" Ihr Angebot präsentieren, aber noch effektiver ist natürlich der direkte persönliche Kontakt, da Sie dabei individuell die passende Information platzieren können. Sinnvoll ist, ein konkretes Aufgabenangebot oder Projekt dabei anzubieten. Im ersten Schritt bietet Ihr Mitgliederstamm die Möglichkeit passende Ansprechpartner zu finden. Falls zum Beispiel Studenten unter Ihren Mitgliedern, sind, dann könnten diese bei den Kommilitonen für Sie auf Interessentenfang gehen – quasi als „Außendienst" Ihres Vereins. Wichtig ist jedoch auch für Praktikanten ein persönlicher Nutzen in irgendeiner Form. Das können z.b. sein:

- Ein ausgestelltes Zeugnis
- Eine kleine Praktikantenvergütung
- Ein anspruchsvolles Projekt
- Ein angenehmes Arbeitsklima usw.

Übung: Fremd- oder selbstgesteuert? – Eine Frage der richtigen Einstellung zum Thema Studenten.

fremdgesteuert
„Studenten machen doch sowieso nichts umsonst."
„Bei uns gibt es bestimmt kein interessantes Thema für eine Diplomarbeit."
„Kann denn ein Student schon was, wenn er eigentlich noch in der Ausbildung ist?"

selbstgesteuert
„Ich werde persönlichen Kontakt zu den betreffenden Instituten und den verantwortlichen Personen aufnehmen."
„Ich suche mir die Studenten unser Mitgliederdatei heraus."
„Ich erkundige mich unter den jungen Mitgliedern, wer Studenten kennt, die einen Praktikumsplatz suchen."

Notieren Sie jetzt, was Sie persönlich zu diesem Thema beitragen können:
➡
➡
➡
➡

7.3 Kooperationen

Kooperationen dienen nicht nur wie in 6.5 und 6.7 beschrieben der Kommunikationspolitik. Sie helfen ganz entscheidend, Finanzmittel zu sparen. Auch ohne Sponsoringvertrag kann eine kurzfristige Kooperation etwa für die Durchführung einer Großveranstaltung geldwerte Vorteile bringen.

Leider wird jedoch diese Möglichkeit speziell unter Vereinen, aufgrund von falsch verstandenem Konkurrenzdenken oftmals nicht genutzt. Dies zeigt zum Beispiel die zunehmende Zahl an einzelnen lokalen Vereinsfesten. Eine gewisse Inflation von Vereinsfesten beeinflusst die Nachfrage nach solchen Veranstaltungen negativ.

Wohingegen eine Großveranstaltung, die von verschiedenen Vereinen, aber unter einem Motto veranstaltet wird, sogar überregionale Attraktivität ausstrahlen könnte.

Partnerschaften mit anderen Vereinen

Durch eine Kooperation mit anderen Vereinen können Zielgruppen angesprochen werden, die von einem einzelnen Verein nicht erreicht werden. Leider ist die Konkurrenz unter den lokalen Vereinen oft so stark, dass Partnerschaften nur schwer realisierbar sind. Dabei liegen die Anreize auf der Hand, z.b.:

- Gemeinsam organisierte Aus-, Fort- und Weiterbildungen
- Gemeinsamer Gerätepark
- Gemeinsamer Betreuer- und Trainerpool
- Zusammen organisierte Großveranstaltungen
- Gemeinsames größeres Vereinsheim mit getrennten vereinsspezifischen Räumen und gemeinsam genutzten Mehrzweckräumen
- Gemeinsam betriebene Vereinsgaststätte
- Übergeordnete Club-Karte, die eine verbilligte Mitgliedschaft bei den Partnervereinen oder andere Vergünstigungen ermöglicht

Bei all diesen Möglichkeiten muss der Verein nicht sein eigenes Profil, seine Identität oder seine Eigenständigkeit infrage stellen, sondern nutzt partnerschaftlich gemeinsame Ressourcen. Diese Vorschläge mögen so manchem Vereinsvorsitzenden als revolutionär erscheinen, der steigende Finanzdruck bei den Vereinen wird jedoch die Kreativität in Richtung Vereinspartnerschaft noch fordern.

Partnerschaften mit kommerziellen Freizeitanbietern

„Wenn du deinen Gegner nicht schlagen kannst, dann verbünde dich mit ihm." Im ersten Moment mag das ungewöhnlich klingen. Mit der Konkurrenz vereinen – ist das nicht ein Widerspruch? Betrachtet man diese Möglichkeit ein wenig genauer, dann lassen sich aber die möglichen Vorteile nicht von der Hand weisen. Die einzige Hürde ist oftmals das persönliche Konkurrenzverhalten der Beteiligten. Der Blick für den gegenseitigen Nutzen geht dabei verloren.

Der Verein und kommerzielle Anbieter können grundsätzlich gegenseitig ihr jeweiliges Angebot aufeinander abstimmen, sodass insgesamt ein Mehrwert entsteht. Das heißt, der Interessent könnte jeweils bei Nutzung des einen Anbieters automatisch

7 Wo kann man Ausgaben sparen, ohne Leistungen zu kürzen?

eine festgelegte Vergünstigung beim Partner erhalten. Dies ist ein weiterer Anreiz bei der Mitgliederakquisition.
Vorsicht ist jedoch geboten bei nach außen hin scheinbar gleichen Angeboten beider Anbieter. Hier sollte der Verein die eigenen Leistungen und Zusatznutzen möglichst transparent darstellen. Somit kann der Verbraucher die Vorteile des Vereins auf den ersten Blick erkennen.

> **Übung:** Fremd- oder selbstgesteuert? – Eine Frage der richtigen Einstellung zum Thema Kooperationen.

fremdgesteuert
„Kooperationen mit anderen Vereinen – das bringt nur Ärger."
„Bei Kooperationen herrscht immer die latente Gefahr, dass unser Verein nicht so richtig wahrgenommen wird."
„Andere Vereine wollen das bestimmt nicht."
„Andere sehen da immer die Konkurrenz."

selbstgesteuert
„Ich bereite ein Kooperationskonzept vor und präsentiere es verschiedenen Vereinsvorsitzenden in einem persönlichen Gespräch."
„Ich versuche, meine Kollegen von den Vorteilen einer Kooperation zu überzeugen und Vorurteile einzuschränken."

Notieren Sie jetzt, was Sie persönlich zu diesem Thema beitragen können:
➡
➡
➡
➡

7.4 Geldwerte ehrenamtliche Tätigkeit

*Behandle andere immer so,
wie du selbst behandelt werden willst.
(Weisheit)*

Was wären die Vereine ohne ehrenamtliche Helfer? Wahrscheinlich würden nur wenige Vereine überhaupt existieren, gäbe es das Ehrenamt nicht. Die Zahlen zu Beginn des Buchs zeigten dies deutlich. Nun ist es selbstverständlich, dass ein gemeinnütziger Verein auf einem gewissen Idealismus beruht, den zumindest die Gründer des Vereins investiert haben. Diesen Idealismus zu fördern und Menschen dafür zu begeistern, ihre Freizeit für den Vereinszweck einzusetzen, ist in der heutigen kommerziell geprägten Zeit kein leichtes Unterfangen. Und doch ist es genau dieser Bereich, der einen Verein erst am Leben hält, seine Führungskultur bestimmt und einen enormen Kosteneinsparfaktor darstellt. Müssten zum Beispiel alle helfenden Kräfte eines Sportvereins branchenüblich bezahlt werden, wäre die Zahl der Vereine in Deutschland wahrscheinlich sehr klein.

Die Akquisition ehrenamtlicher Mitarbeiter sollte deshalb nicht nach dem Zufallsprinzip erfolgen, sondern aktiv und systematisch betrieben werden. Das bedeutet, dass für bestimmte Funktionen im Verein ganz gezielt Personen kontaktiert werden, die die benötigten Qualifikationen mitbringen. Das müssen nicht unbedingt bereits eingeschriebene Vereinsmitglieder sein. Zum Beispiel könnte der Verein gezielt einen Steuerberater ansprechen, der ohne Bezahlung die Steuererklärungen des Vereins übernimmt oder einen Bauzeichner für den Verein gewinnen, der einen neuen Geräteschuppen konstruiert usw.

Ehrenamtliche Helfer können auch in einem gewissen Rahmen entschädigt werden. Allerdings ist hier aus fiskalischen und gemeinnützigen Gründen Vorsicht geboten. Im Rahmen des Gemeinnützigkeitsrechts ist hier der Grundsatz der Selbstlosigkeit, der unter anderem vorsieht, dass keine unverhältnismäßig hohen Vergütungen bezahlt werden, zu beachten.
Es gelten zudem folgende Grundsätze:

- Wird lediglich Auslagenersatz gewährt, liegt kein Arbeitsverhältnis vor. Das bedeutet, es müssen auch keine zusätzlichen Sozialversicherungsbeiträge gezahlt werden.
- Werden Vergütungen gewährt, welche die Ausgaben übersteigen, ist ein Arbeitsverhältnis anzunehmen (BFH, Urteil vom 04.08.1994, VI R 94/93).

Der Bundesfinanzhof hat diese harte Trennungslinie getroffen, um eine „Grauzone von steuerfreien Nebeneinkünften" zu vermeiden. Es stellt sich nun die Frage, was als Aufwendungsersatz bezahlt werden kann:

- tatsächliche Aufwendungen
- Fahrtkosten und Verpflegungsmehraufwendungen im Rahmen der Grundsätze über Dienstreisen bzw. Dienstgänge

> **!** Um Auseinandersetzungen mit den Vereinsmitgliedern aus dem Weg zu gehen, sollte in einer Satzung oder einer Geschäftsordnung aufgenommen werden, ob und unter welchen Voraussetzungen einem Mitglied Aufwendungsersatz zusteht. Dies ermöglicht ein einfaches und unbürokratisches Abrechnen im Vereinsalltag.

Auch wenn ehrenamtliche Helfer aus den genannten Gründen nicht ausreichend finanziell entschädigt werden können, so gibt es trotzdem Wege, um ihnen einen Nutzen aus ihrer Tätigkeit zu vermitteln. So hat sich zum Beispiel 1996 das Bayerische Staatsministerium für Unterricht, Kultur, Wissenschaft und Kunst der Länderinitiative von Baden-Württemberg angeschlossen und bescheinigt eine ehrenamtliche Mitarbeit als offizielles Beiblatt zum Schulzeugnis. Dies kann durchaus ein Ansporn für ehrenamtlich tätige Jugendliche sein, da in einer Bewerbung für den Einstieg ins Berufsleben solche freiwilligen Engagements grundsätzlich positiv bewertet werden.

Es kommt also darauf an, ehrenamtlichen Helfern das Gefühl zu vermitteln, dass sie wichtig für den Verein sind. Um diese Beziehungspflege – in der Wirtschaft spricht man von Beziehungsmanagement – ein wenig zu professionalisieren, sollten Sie systematisch vorgehen. Die Checkliste soll Sie dabei unterstützen. Mit der darauf folgenden Übung können Sie die Punkte noch mit eigenen Überlegungen ergänzen. Es mag Ihnen vielleicht so mancher Punkt als Selbstverständlichkeit erscheinen, aber leider schenken wir heutzutage anderen Menschen viel zu wenig Aufmerksamkeit oder sogar Lob. Aber gerade dies ist nötig, denn das Ehrenamt ist eine freiwillige Leistung und sie bringt neben dem Spaß auch eine Menge unangenehmer Seiten mit sich. Die ehrlich ausgedrückte Anerkennung ist oft die einzige „Belohnung", die im Vereinsalltag zur Verfügung steht.

✔ Checkliste: Aktive Beziehungspflege für das Ehrenamt

- ☐ Geburtstage aller Ehrenamtlichen im Kalender notieren
- ☐ Weihnachtskarten an alle Ehrenamtlichen schreiben und versenden
- ☐ zu besonderen Ereignissen wie Hochzeiten oder Geburten gratulieren (im Kalender notieren)
- ☐ mit aktuellen Neuigkeiten aus dem Vereinsleben informieren (z.B. über persönliche Postfächer oder per E-Mail)
- ☐ Anerkennung für besondere Leistungen oder große Einsatzbereitschaft aussprechen
- ☐ gemeinsame Unternehmungen, z.B. einen Vereinsausflug, planen und durchführen
- ☐ kostenlose Teilnahme an Schulungen ermöglichen
- ☐ gemeinsame Besuche von Veranstaltungen durchführen
- ☐ bei anderen Mitgliedern wertschätzend über nicht anwesende ehrenamtlich Tätige sprechen

7 Wo kann man Ausgaben sparen, ohne Leistungen zu kürzen?

Übung: Fremd- oder selbstgesteuert? – Eine Frage der richtigen Einstellung zum Thema Ehrenamt.

fremdgesteuert
„Wer tut sich das schon noch freiwillig an?"
„Wenn was passiert, steht man mit einem Bein immer im Gefängnis, obwohl man nichts dafür kann."
„Ich wüsste nicht, wie man junge Menschen heutzutage noch für ehrenamtliche Tätigkeiten begeistern könnte."

selbstgesteuert
„Ich versuche stetig, den Spaß am Ehrenamt vorzuleben."
„Ich bemühe mich unablässig um engen Kontakt zu allen ehrenamtlich Tätigen in unserem Verein."
„Ich spreche aktiv junge Menschen an, um ihnen die Vorteile ehrenamtlicher Tätigkeit in unserem Verein zu präsentieren."

Notieren Sie jetzt, was Sie persönlich zu diesem Thema beitragen können:
➡
➡
➡
➡

7.5 Kostenbewusstes Einkaufen

In vielen Vereinen ist es nicht nur bei Gründung des Vereins notwendig, Investitionen in Geräte und Ausstattungen zu tätigen, sondern auch zur Anpassung an Mitgliederwünsche oder um einfach attraktiv und „up to date" zu sein etc. So kommt es zu immer wiederkehrenden Neuanschaffungen, die sich oftmals sehr kostenintensiv gestalten. Aber muss z.b. ein Sport- oder Musikgerät immer neu sein, um den Zweck im Verein zu erfüllen? Wahrscheinlich nicht. Das bedeutet, es ergeben sich dadurch weitere Möglichkeiten Geld zu sparen. Will beispielsweise ein Sportverein einen Kraftraum ausstatten, dann gibt es die Möglichkeit, einmal die regionalen kommerziellen Fitness-Studios zu kontaktieren, ob sie momentan oder in naher Zukunft Sportgeräte austauschen und ihre gebrauchten Geräte veräußern wollen. Weitere Möglichkeiten gibt es zuhauf im Internet. Alleine im Internet-Auktionshaus „ebay" (http://www.ebay.de) kann man viele verschiedene Artikel und Geräte finden und eventuell günstig auf virtuelle Weise ersteigern.

Neben „ebay" gibt es eine ganze Reihe anderer Auktionshäuser, aber auch klassische Einkaufsmöglichkeiten, wie man günstig an Produkte kommen kann. Hier sollte man sich über den Gebrauch von Suchmaschinen schlau machen und dann steht dem Handeln, Preise vergleichen, Gebrauchtes finden oder grundsätzlich dem schlauen Einkaufen, dem „smart shoppen" wie es neuerdings heißt, nichts mehr im Wege.

Hier sei auch noch einmal auf das Kooperieren, etwa mit anderen Vereinen, hingewiesen. In punkto Einkauf ergeben sich dabei interessante Möglichkeiten. So könnte man z.b. für gewisse Zwecke Einkaufsgemeinschaften bilden, um zu höheren Stückzahlen und damit zu günstigeren Einzelpreisen zu kommen. Dies gilt vor allem für klassische Ausstattungsgüter wie Kleidung, Büromaterial, Literatur usw. Einkaufsgemeinschaften kann man selbstverständlich nicht nur mit anderen Vereinen, sondern ebenso mit Firmen, Privatpersonen, Institutionen u.Ä. bilden. Man muss nur an ähnlichen Gütern interessiert sein.

134 7 Wo kann man Ausgaben sparen, ohne Leistungen zu kürzen?

Übung: Fremd- oder selbstgesteuert? – Eine Frage der richtigen Einstellung zum Thema Kostenbewusstes Einkaufen.

fremdgesteuert
„Es geht nichts über neue Geräte."
„Gebrauchte Sachen halten bestimmt nicht lange und dann kostet uns das Ganze im Endeffekt mehr."
„Wer ist schon an den gleichen Produkten interessiert wie wir?"

selbstgesteuert
„Ich überprüfe einmal die anstehenden Neuanschaffungen nach den Möglichkeiten von neu und gebraucht."
„Ich überlege mir, wer für Einkaufsgemeinschaften in Frage kommt."
„Ich kontaktiere andere Vereine bezüglich ihres aktuellen Bedarfs."

Notieren Sie jetzt, was Sie persönlich zu diesem Thema beitragen können:
➡
➡
➡
➡

8 Zusammenfassung und Blick in die Zukunft

Die in diesem Buch detailliert ausgeführten Möglichkeiten der Vereinsfinanzierung zeigen, dass es vielfältige Wege der Mittelbeschaffung gibt, ohne die Gemeinnützigkeit zu gefährden. Zur Verbesserung der Finanzausstattung eines Vereins bieten sich zwei Wege, die auch in jedem Unternehmen erfahrungsgemäß sinnvoll sind. Der eine Weg betrifft die fortwährende Suche nach Möglichkeiten der Mittelbeschaffung. Der andere Weg das konsequente Kostenmanagment. Zusammen ergeben die beiden Wege ein gesundes Finanzmanagement des Vereins. Den Blick auf nur einen Weg zu richten, ist nicht angeraten.

Die Gemeinnützigkeit zeigt eine ganze Reihe von Steuersparpotenzialen, die ein Verein auch nutzen sollte. Darüber hinaus stellt die ehrenamtliche Mitarbeit oder das Einbinden von Kooperationspartnern in den meisten Fällen das umfangreichste Potenzial an geldwerten Sparmöglichkeiten dar.

Die Möglichkeiten der Mittelbeschaffung sind vielfältig, aber auch aufwändig. Sie verlangen vom Mittelbeschaffer (i.d.R. der Vereinsvorstand) Ausdauer, Beharrungsvermögen und vor allem ein zielgerichtetes und geplantes Vorgehen. Wenn die Mittelbeschaffung über die herkömmliche Methode des „Bettelns" um Spenden hinausgehen soll, dann sollte sich der Verein der Methoden des modernen Marketing-Managements bedienen. Mit einem Marketing-Konzept positionieren Sie Ihren Verein auf dem lokalen oder regionalen Markt so, dass er für Mittelgeber interessant wird. Begeben Sie sich auf den durchaus steinigen Weg des systematischen Verfolgens Ihrer Vereinsmarketingstrategie. Schon bald werden Sie durch positive Effekte belohnt. Auf der einen Seite werden neue Menschen auf den Verein aufmerksam, die Mitgliederzahlen steigen, der Verein ist mehr und mehr im Gespräch (die berühmte Mundpropaganda) und automatisch wird Ihr Verein dann auch als Kommunikationsplattform für Sponsoren interessanter. Die Teilaspekte der sechs „P's" ergänzen sich zu einer positiven Gesamtentwicklung des Vereins.

Auch wenn sich die wirtschaftlichen und gesellschaftlichen Rahmenbedingungen für die Vereine in Deutschland nicht unbedingt in eine förderliche Richtung entwickeln und die Herausforderungen für die Vereinsverantwortlichen noch größer werden, so gibt es doch eine Menge Chancen für das Vereinsleben. Sie haben nun über eine ganze Reihe von Möglichkeiten gelesen, um Ihre Vereinsfinanzen zu optimieren. Bestimmt kennen Sie eine ganze Reihe davon bereits, haben sie aber noch nicht ausprobiert. Häufig wird so manche Idee oder ein konstruktiver Ansatz im Keime erstickt, weil man sich nicht an die Sache herantraut oder ein Vereinskollege schon vorher „weiß", dass das nicht funktionieren kann. Aus diesem Grund habe ich Ihnen immer wieder die zwei Kreise zum Umdenkprozess vor Augen geführt. So haben Sie bereits über 80 selbstgesteuerte Ansätze für Ihr Handeln gesammelt und sind nun auch auf den einen oder anderen fremdgesteuerten Einwand vorbereitet. Wenn Sie Ihre eigenen Möglichkeiten jeweils in den dafür vorgesehenen Kästchen notiert haben, dann wissen Sie, was zu tun ist. Sie müssen nicht alle Möglichkeiten gleichzeitig nutzen, wählen Sie gezielt die für Ihre Vereinslage passenden Werkzeuge aus.

Die Positionierung eines Vereins am lokalen oder regionalen Freizeitmarkt ist keine Aufgabe, die nach drei Monaten erledigt ist, sondern ein Prozess, der ständig gepflegt und überprüft werden sollte. Es gibt dabei quasi keinen Stillstand. Auf dem Gefühl „So, jetzt ist es vollbracht und wir müssen in dieser Richtung nichts mehr tun." sollten Sie sich nicht ausruhen. Es kann durchaus einige Jahre dauern bis Sie die Position am Markt erreichen, in der Sie aktiv das Marktgeschehen mitsteuern können. Der Aufbau oder die Veränderung von Images ist ein schwerfälliger und schleichender Prozess.

Das Erstellen eines konsequenten Marketing-Konzepts im Verein können Sie mit dem Steuern eines Riesentankers vergleichen: Da kann noch so wild am Steuer gedreht werden, aufgrund der trägen Masse dauert es einige Kilometer bis sich der Tanker spürbar in die gewünschte Richtung bewegt. Und genau da liegt das Risiko für den Umdenkprozess. Am Anfang stellt sich gern eine veränderungswillige Aufbruchstimmung ein. Wenn dann nicht sofort die ganze Mühe mit erfolgreichen Ergebnissen gekrönt wird, wird nicht selten der ganze Prozess eingestellt – mit fatalen Folgen: Einerseits hat die Motivation bei den Mitwirkenden einen gehörigen Dämpfer erhalten und andererseits leidet das Ansehen des Vereins bei den Mitgliedern, aber auch bei potenziellen Förderern und Sponsoren.

Um dies zu vermeiden, sollten Sie von Anfang an die Ziele realistisch festlegen und auch so kommunizieren. Sie können persönlich durchaus höhere Ziele haben (Sie sollten ja auch eine motivierende Vereinsvision vor Augen haben), aber hüten Sie sich vor dem Schüren zu hoher Erwartungen an die Ergebnisse. Es hilft Ihnen dabei, wenn Sie Ihren Umsetzungsplan mittel- bis langfristig auslegen. Sie relativieren so die Erwartung an kurzfristige Ergebnisse.

Wenn Sie das beachten, dann ist Ihrer strategischen Kreativität Tür und Tor geöffnet. Übrigens kommt Ihnen mit ziemlicher Sicherheit ein wichtiger Umstand zu Gute. Die meisten Vereine oder Freizeitanbieter besitzen (noch) kein systematisches Marketing-Konzept für ihre Markenprofilierung. Bis Ihre Wettbewerber hieran arbeiten, sind Sie ihnen schon sehr wichtige Umsetzungsschritte voraus. Also lassen Sie nicht unnötig Zeit verstreichen.

Wenn Sie Zweifel haben, denken Sie an die Hummel:

> **!** Die Hummel hat eine Flügelfläche von 0,7 Quadratzentimeter bei 1,2 Gramm Gewicht. Nach den bekannten Gesetzen der Flugtechnik ist es unmöglich, bei diesem Verhältnis zu fliegen.
>
> Die Hummel weiß das nicht – sie fliegt einfach!

Anhang: Hilfreiche Adressen und Links

Adressen:

Bundesamt für den Zivildienst
Postanschrift: 50964 Köln
Besucheranschrift:
Sibille-Hartmann-Str. 2–8,
Köln-Zollstock
Tel.: (02 21) 36 73-0
Service-Tel.:
(02 21) 36 73-4060, -4070
Fax: (02 21) 3673-4661, 4662
E-Mail: zivimagazin@zivildienst.de
http://www.zivildienst.de

Bundesministerium für Familie,
Senioren, Frauen und Jugend
Dienstsitz Berlin:
Taubenstraße 42/43, 10117 Berlin
Dienstsitz Bonn:
Rochusstraße 8–10, 53123 Bonn
Tel.: (0 30) 2 06 55-0
Service-Tel.: (01 80) 1 90 70 50
Fax: (0 30) 2 06 55-41 03
http://www.bmfsfj.de

Bundesverband
Deutscher Stiftungen e.V.
Alfried-Krupp-Haus
Binger Straße 40, 14197 Berlin
Tel.: (0 30) 89 79 47-0
Fax: (0 30) 89 79 47-11
E-Mail:
bundesverband@stiftungen.org
http://www.stiftungen.org

Deutscher Fundraising Verband e.V.
Emil-von-Behring-Str. 3
60439 Frankfurt
Tel.: (0 69) 95 73 30-70
Fax: (0 69) 95 73 30-71
E-Mail: info@sozialmarketing.de
http://www.sozialmarketing.de

Deutscher Sportbund
Postanschrift:
Otto-Fleck-Schneise 12
60528 Frankfurt am Main
Tel.: +49 (0)69 670 00
Fax: +49 (0)69 67 49 06
Email: info@dsb.de
http://www.dsb.de

ESB Europäische Sponsoringbörse
ESB Marketing Consult AG
Postfach 519
9001 St. Gallen
Schweiz / Switzerland
Tel: +41.71.2237882
Fax: +41.71.2237887
eMail: info@esb-online.com
http://www.esb-online.de

Interessante Websites:

http://verbaende.com
Website des Deutschen Verbände-Forums, eine Initiative der Deutschen Gesellschaft für Verbandsmanagement
Die Website bietet ein Adressarchiv für deutsche Verbände und Organisationen, aktuelle Pressemitteilungen der Verbände und viele Fachartikel.

http://www.marktplatz-verein.de
Die Website bietet Informationen zu Vereinsrecht, Vereinsbesteuerung und Vereinsorganisation.

http://www.vereinsknowhow.de,
http://www.nonprofit-management.de
Die Website bietet Informationen für Vereine und den Nonprofit-Bereich sowie ein online verfügbares Vereinshandbuch mit einzelnen Fachartikeln.

http://www.stiftungsindex.de
Der Index deutscher Stiftungen ist ein Kooperationsprojekt des Bundesverbands deutscher Stiftungen, des Instituts für Marketing & Handel (Universität Göttingen) und der Körber-Stiftung. Er ist eine umfangreiche Navigationshilfe zum deutschen Stiftungswesen.

Literaturverzeichnis

Bücher:

Babin, Jens Uwe: Spezifika und Chancen im Breiten-, Freizeit- und Gesundheitssport am Beispiel des Deutschen Turner-Bundes (DTB) in: Leitfaden Sponsoring & Event-Marketing, Raabe Verlag, Düsseldorf, 1996.

Bohus, Julius: Sportgeschichte: Gesellschaft und Sport von Mykene bis heute, blv Verlag, Weinheim, München, 1986.

Brannasch, Andreas: Die Allgegenwart des Sports in: Leitfaden Sponsoring & Event-Marketing, Raabe Verlag, Düsseldorf, 1995.

Brockes, Hans-Willy (Hrsg.): Leitfaden Sponsoring & Event-Marketing – für Unternehmen, Sponsoring-Nehmer und Agenturen, Grundwerk 1995, Raabe Fachverlag für Öffentliche Verwaltung, Düsseldorf, 1995.

Cachay, Klaus/ Thiel, Ansgar: Soziologie des Sports – Zur Ausdifferenzierung und Entwicklungsdynamik des Sports der modernen Gesellschaft, Juventa Verlag, Weinheim, München 2000.

Digel, Helmut/Burk, Verena: Sport und Medien – Entwicklungstendenzen und Probleme einer lukrativen Beziehung in Sport und Sportrezeption, Nomos Verlagsgesellschaft, Baden-Baden, 2000.

Eyerich, Elenor: Unser Verein von A–Z, WRS Verlag, Planegg, 1998.

Freyer, Walter: Strategisches Marketing im Sport. Planen Sie mit Checklisten. Forschungsinstitut für Tourismus und Sport, Berlin, 1988.

Görke Torsten: Zukunftsprognose für Trendsportarten: Systematik und Überblick in: Leitfaden Sponsoring & Event-Marketing, Raabe Verlag, Düsseldorf, 1995.

Heigl, Norbert J. /**Scheinert, Martin:** Schnellkurs Marketing, Lexika Verlag, Würzburg, 1999.

Heigl, Norbert J.: Ist Image machbar? Betrachtungen zum Wert des Personensponsoring in Leitfaden Sponsoring & Event-Marketing, Raabe Verlag, Düsseldorf, 1995.

Heigl, Norbert J: Schnellkurs Marktforschung, Lexika Verlag, Würzburg, 2004.

Heinemann, Klaus/ Horch, Heinz-Dieter: Strukturbesonderheiten des Sportvereins in Digel, Helmut (Hrsg.), Sport im Verein und im Verband, Verlag Hofmann, Schorndorf, 1988.

Hinzmann, Ria: Fundraising – Sponsoring Handbuch, Eigenauflage, Berlin, 1997.

Neufang, B./ Geckle, Gerhard: Der Verein, - Organisations- und Musterhandbuch für die Vereinsführung, WRS Verlag, Planegg, München, 1997.

NWB: Datenbank Steuerrecht, CD-ROM, Verlag Neue Wirtschafts-Briefe, Herne, Berlin, 2003.

Opaschowski, Horst W.: Show, Sponsoren, Spektakel – Breitensport und Zuschauersport in: Sport und Sportrezeption, Nomos Verlagsgesellschaft, Baden-Baden, 2000.

Roth, Peter (Hrsg.): Sportsponsoring, 2. überarbeitete und erweiterte Auflage, Verlag Moderne Industrie, Landsberg am Lech, 1990.

Rummelt, Peter: Moderne Sport-Kommune – Playdoyer für eine moderne Sportkommune, Verlag Dr. Markus Hänsel, Hohenhausen, Egelsbach, Frankfurt a. Main, Washington 1998.

Wolf, Jochen: Marketing für Vereine, Falken Verlag, Niedernhausen/Ts., 1996.

Zeitschriften:

Bayernsport, Nr. 12, 17.03.1997, Kooperation mit Schulen als Chance begreifen, BLSV (Hrsg.), München, 1997.

Bayernsport, Nr. 45, 04.11.1997, Politik, Sport und Wirtschaft an einem Tisch, BLSV (Hrsg.), München, 1997.

Der Verein aktuell, Nr. 1, 02/97, WRS Verlag, Planegg, München, 1997.

Broschüren:

Babin, Jens Uwe: Perspektiven des Sportsponsoring, Frankfurt, 1995.

Hahn, Rainer: Trendstudie – Sponsoring im Mittelstand – Schwerpunkt Sport, Markt & Mittelstand/ESB/Ipsos, Yukom Verlag, München, 2000.

Hermanns, Arnold/Drees, Norbert: Sportsponsoring-Märkte: Grundlagen und Thesen zur Situation der Gesponserten.

Vetter, Hans-Rolf: Sozialprofile als Steuerungsmedien des aktiven Fitnessverständnisses, SocioTopos – Induktive Sozialforschung und Soziales Management (Hrsg.), Viechtach, 1995.

Stichwortverzeichnis

A
Abgabenordnung 19 ff.
Ablösesummen 57
AIDA 106 f.
Altmaterialsammlung 65 f.
Anzeigengeschäft 68
Aufnahmegebühren 23, 36, 40, 49
Aufwandsentschädigung 30, 46, 130
Ausschließlichkeit 31 f., 52

B
Basare 62 f.
Beitragserhöhung 37, 95
Beitragsobergrenzen 23, 56
Bekanntheitsgrad 108
Below-the-line-Maßnahme 75
Betriebsausgaben 49, 65, 80
bezahlter Sport 27, 32, 58
Bußgelder 71

C
Change-Management 15
Copy-Strategie 102 ff.

D
Darlehen 25
Distributionspolitik 85, 100 f.

E
echter Zuschuss 43 f.
ehrenamtliche Tätigkeit 10, 129 ff.
Einkaufsgemeinschaften 133
Eintrittsgelder 46

F
Fitness-Studio 39, 95
Förderer 9

Förderung der Allgemeinheit 23
Förderverein 33, 51 ff.
Freistellungsbescheid 17
Fremdsteuerung 13 f.

G
Gegenleistung 44, 49, 73, 80, 94
gemeinnützige Zwecke 22 f.
Gemeinnützigkeit 17 f., 44
Geschenke 26
Geselligkeit 32, 48
Gleitklausel 36
Goodwill 75, 78
Großverein 17, 59

H
Honorare 30
Hospitality 76, 78

I
Ideeller Bereich 20
Image 77, 78, 113

K
Kernkompetenz 89, 121
Kommunikation 75, 103, 107
Kommunikationsmittel-Strategie 102 ff.
Kommunikationsphasen 107
Kommunikationspolitik 85, 98, 101 ff.
Kommunikationsträger-Strategie 102, 104 f.
Kooperationen 102, 111, 126 ff.
Körperschaft 19, 22, 27
kostenbewusstes Einkaufen 133 f.
kulturelle Vereine 49
Kursangebote 41

L, M
Lotterien 63 f.
Marketing-Konzept 85 ff., 108, 116 ff.
Marketing-Management 85 ff.
Mäzen 9, 53 f., 73
Menschorientierung 85, 106 ff.
Merchandising 59
Mitglieder 11, 93
Mitgliedsbeitrag 22 ff., 35 ff., 49, 94
mittelständisches Unternehmen 77, 79
Motivationsmodell 93 ff.

N, O
Non-Profit-Organisationen 17
Öffentlichkeitsarbeit 102

P
Partnerschaften 111 ff.
Peripherie 85, 111 ff.
Preisdifferenzierung 98
Preispolitik 85, 98 ff.
Produktpolitik 85, 92 ff.

R, S
Rücklagen 11, 25 ff.
Sachzuwendung 49
Satzung 36, 40, 46
Satzungszweck 25, 46, 71
Selbstlosigkeit 24
Selbststeuerung 13 f.
Serviceleistungen 38, 97
Sitzungsgelder 30
Sonderausgaben 33, 49
Sonderbeiträge 38, 56
Sparmaßnahmen 123 ff.
Spende 22, 30 ff., 49 f., 80
Sponsoring 73, 101, 105
Sponsoringkonzept 78, 81 ff., 125
Sportveranstaltung 46, 58
Sportverein 19, 37, 41, 49 ff., 92, 103
Steuervergünstigung 19, 23, 32, 51
Stiftungen 19, 55
Strategie 90 f.

T
Tausender-Kontakt-Preis (TKP) 76, 104
Tombolas 63 f.
Trainingszeiten 38, 96

U
Überschüsse 27, 30
Umdenkprozess 9, 12
Umlagen 56
unechter Zuschuss 43 f.
Unmittelbarkeit 32 f.

V
Veranstaltungen 47 ff.
Vereinsgaststätte 21, 25, 70 f., 127
Vereinsregister 17, 19
Vereinsstudie 16, 37 f., 96
Vereinszeitschrift 67 ff., 103, 107
Vereinsziele 86 f.
Verluste 28
Vermögensverwaltung 21, 27, 30, 80

W
Wettbewerbsanalyse 87 ff., 125
wirtschaftlicher Geschäftsbetrieb 20 f., 52, 58 ff., 80

Z
Zielgruppe 87, 104 ff., 111, 121
Zivildienststellen 123 f.
Zuschüsse 9, 22 ff., 42
Zuschussarten 43
Zuwendungsbestätigung 49, 80
Zweckbetrieb 20 ff., 46 ff., 58